T0247682

DESTINOS
DE
PELÍCULA

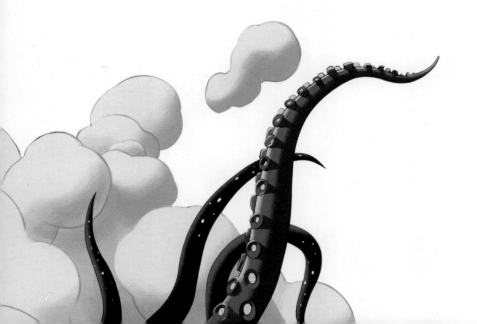

Dedicado a Cas, nuestro «hombre de los mapas», que no llegó a ver
este libro impreso, pero trabajó de manera incansable en él y en muchos
otros. Aportaste 23 años y miles de mapas a nuestros libros.
Te extrañaremos profundamente.

DK GUÍAS VISUALES

DESTINOS
DE
PELÍCULA

CONTENIDOS

INTRODUCCIÓN

Ver una película en el cine o acomodarse en casa para disfrutar de una buena serie es un auténtico placer. Pero existe algo mejor aún: visitar los escenarios reales donde se rodaron.

Muchas veces se intenta buscar dónde se rodó una película al quedar fascinado por el precioso escenario. Esto es lo maravilloso del cine, que no solo entretiene, sorprende y anima a la reflexión, sino que también inspira.

Como cualquier cinéfilo atestiguará, las películas y las series de televisión tienen el poder de llevarnos a lugares que trascienden nuestra imaginación. A través de ellas se puede escapar a las llanuras heladas más allá del Muro, al interior del Gran Hotel Budapest y a los bosques élficos de Lothlórien. Pero estos increíbles lugares que aparecen en pantalla, ¿existen de verdad? Bueno, digamos que una versión bastante aproximada.

Al igual que los estudios de rodaje, los escenarios naturales desempeñan un papel importante en la creación cinematográfica. No se puede viajar a Arrakis como tal, pero sí a los desiertos en los que se filmó la épica *Dune*. Y aunque Hogwarts no sea un lugar real, las personas no mágicas podemos visitar los castillos y catedrales que se convirtieron en el colegio de Harry Potter.

Si seguir los pasos de tus personajes favoritos te parece el plan perfecto para unas vacaciones, no busques más. *Destinos de película* se sumerge en las localizaciones que han servido de telón de fondo a algunas de las películas y series más famosas. Creado por un equipo de apasionados del cine que también son expertos en viajes, analiza tanto producciones clásicas como las series y películas favoritas de la comunidad cinéfila. Aunque realizar la selección no fue fácil, ya que por cada seguidor de Harry Potter había entre nosotros uno de *Star Trek*, y por cada fan de *Crepúsculo*, uno del *Doctor Who*. Obviamente, decidir el contenido del libro supuso acaloradas discusiones.

Y la controversia no acabó ahí. *Destinos de película* está organizado por géneros y, al igual que cada uno tiene sus películas y series favoritas, las opiniones respecto a lo que define un clásico del terror o del cine familiar son dispares. Para algunos miembros del equipo, *Tiburón* representa la esencia del terror, mientras que para otros es una película para ver en familia (incluso hubo quien argumentó que podría tratarse de una película de misterio). Por su parte, *Blade Runner* está entre película policiaca, clásico de acción y obra de culto de ciencia ficción. La clasificación por géneros es siempre subjetiva. Por suerte, todos estuvimos de acuerdo en que las localizaciones lo son todo.

Algunos de los destinos incluidos en este libro son muy turísticos, mientras que otros te alejarán de los itinerarios habituales. Y si no puedes internarte en los bosques de México en busca del Depredador ni correr por las montañas de Nueva Zelanda como Frodo y la Comunidad del Anillo, siempre puedes viajar a través de estas páginas. ¡Quién sabe a dónde te llevarán!

1

1. Dubrovnik, una destacada localización de *Juego de tronos*

2. Un equipo de producción entre bastidores

3. La catedral de Gloucester, escenario de Hogwarts

4. *Robin Hood* en un escenario de Gales

2

3

4

PLEASE
BE SILENT
BEHIND CAMERA

Von Sternberg

El director Josef von Sternberg y su equipo rodando en el estudio MGM en 1926

Desde los albores del cine, las películas y las series de televisión nos han transportado a lugares extraordinarios. Los escenarios naturales han sido un elemento fundamental para aportar ese toque mágico a las imágenes, y todavía siguen siéndolo.

EXTERIORES

En 1888 el artista francés y pionero del cine Louis Le Prince realizó una filmación de 1,66 segundos de sus amigos paseando por un jardín en Leeds, Inglaterra. Está considerada la secuencia más antigua que se conserva, y demuestra que el rodaje en exteriores nació al mismo tiempo que las imágenes en movimiento.

Los inicios

Filmar en escenarios naturales fue imprescindible al principio, ya que no existían sistemas de iluminación avanzados y grabar al aire libre era la manera de conseguir las condiciones de luz adecuadas. Pero con el desarrollo de la industria y la tecnología a principios del siglo XX, no tardó en surgir un nuevo fenómeno: el estudio cinematográfico.

La cuna del cine en Estados Unidos fue Nueva Jersey, donde el inventor Thomas Edison construyó en 1892 el primer estudio de cine del mundo, el Black Maria. Pero Edison protegió de manera férrea sus patentes en esta nueva tecnología, y muchos pioneros del cine abandonaron la costa este para escapar a su

El Black Maria, el primer estudio cinematográfico del mundo, construido en Nueva Jersey

monopolio. Por suerte, no tardaron en encontrar el lugar perfecto para establecerse.

El clima soleado del sur de California (y su abundante luz natural) fue una de las razones por las que muchos de los primeros estudios de cine estadounidenses se establecieron en Hollywood, un barrio de Los Ángeles, pero además la región ofrecía más ventajas. Dado el gran tamaño y peso de las primeras cámaras, resultaba útil estar cerca del estudio cuando había que filmar exteriores. «Alrededor de Los Ángeles

FECHAS CLAVE

1916

El filme propagandístico y documental *La batalla del Somme* introduce las cámaras en las trincheras de la Primera Guerra Mundial.

encuentras lagos, costa, montañas y desiertos, y casi todos los tipos de meteorología y paisaje que puedas necesitar», explica el escritor de cine Ian Haydn Smith. Para los cineastas, era muy tentador poder recrear tierras lejanas a escasa distancia del estudio.

En la etapa de las películas mudas (de los inicios del cine a finales de la década de 1920), filmar en escenarios reales era habitual —y no solo en Hollywood—. Al otro lado del Atlántico, el director Serguéi Eisenstein reunió a cientos de

LA GENTE IBA AL CINE PARA ENTERARSE DE LO QUE ESTABA SUCEDIENDO EN EL MUNDO

extras en Ucrania para rodar la imitada secuencia de la escalera de Odessa en *El acorazado Potemkin* (1925).

Pero llegaron cambios a Hollywood, y cuando Al Jolson se convirtió en el

primer actor al que se escuchó en pantalla en *El cantante de jazz* (1927), dio comienzo la etapa del cine sonoro. Filmar fuera del estudio se volvió más complicado. Con las películas mudas, el ruido que generaban las primeras cámaras no había supuesto ningún problema, pero de repente fue necesario aislarlas en grandes cabinas insonorizadas. Los micrófonos de la época tampoco lograban aislar los sonidos de manera eficaz, por lo que el entorno controlable del estudio era una opción más factible.

El equipo de filmación se fue aligerando poco a poco, algo que se aceleró con la Segunda Guerra Mundial. «La gente iba al cine para enterarse de lo que estaba sucediendo en el mundo», comenta Smith. Para documentar los acontecimientos en tiempo real, fue imprescindible desarrollar cámaras más

La escalera de Odessa (Ucrania) en una secuencia de *El acorazado Potemkin*

1933

King Kong convierte el Empire State Building en una localización legendaria.

1939

El director John Ford inicia un prolongado romance con Monument Valley en su película *La diligencia*.

pequeñas que pudieran grabar imágenes en diversas zonas de conflicto. Esto facilitó nuevos métodos de rodaje en exteriores.

Época de cambio

Uno de los primeros profesionales que adoptó las nuevas técnicas fue John Ford. Este influyente director de wésterns rodó 14 películas con John Wayne, aunque su relación con los amplios paisajes del Oeste americano fue sin duda más importante para la historia del cine. En películas como *La diligencia* (1939), *La legión invencible* (1949) y *Centauros del desierto* (1956), Ford recurrió a Monument Valley *(p. 134)* —ubicado en la Nación Navajo, entre Utah y Arizona— como telón de fondo para sus historias. Los consejos del cineasta sobre la utilización del horizonte resultaron tan instructivos para el joven Steven Spielberg que este recreó su encuentro con Ford en *Los Fabelman* (2022), una película semiautobiográfica.

Posteriormente, *Camelot,* un musical de 1967 basado en la leyenda artúrica, se convirtió en un punto de inflexión accidental. Los escenarios poco creíbles de la película fueron considerados una de las razones de su decepcionante resultado en taquilla, lo que empujó a la industria a priorizar el realismo.

La filmación en escenarios naturales resurgió en la década de 1970 gracias a una nueva generación de autores

EL JEFE DE LOCALIZACIONES

El jefe de localizaciones es uno de los primeros profesionales en unirse a una producción de cine o televisión. Primero estudia el guion para decidir qué escenas convendría rodar en un estudio y cuáles funcionarían mejor en escenarios reales. También se encarga de buscar los mejores lugares para filmar, gestiona los permisos necesarios para rodar en esos espacios y se asegura de que el acceso del reparto, el personal y el material sea seguro y eficiente. Suele colaborar con el director y el diseñador de producción.

estadounidenses que mediante el uso de paisajes espectaculares consiguieron un efecto espectacular en clásicos como *Malas tierras* (1973) y *Apocalypse Now* (1979). «Muchas de las películas de la década de 1970 funcionaron tan bien porque capturan la esencia de los lugares», explica Smith. «*Chinatown* (1974), por ejemplo, resulta hipnótica por la historia que relata, pero también por las increíbles localizaciones en Los Ángeles».

Métodos modernos

En la actualidad, las películas con presupuesto bajo o medio suelen rodarse en espacios reales (a menudo más económico que construir escenarios en un estudio), pero las grandes producciones de Hollywood y las series de televisión suelen combinar ambas opciones. David Powell, jefe de localizaciones, explica los factores que determinan la decisión: «Se tiene en cuenta lo que la localización ofrece y lo que el guion necesita. Por ejemplo, si el director quiere rodar una escena con

1953
Años antes de dirigir *Ben-Hur,* William Wyler crea el mejor anuncio para la capital italiana al rodar en ella *Vacaciones en Roma.*

1962
Honey Ryder, interpretada por Ursula Andress, emerge del mar en Ocho Ríos (Jamaica) en la primera aventura de James Bond.

mucho diálogo en un interior reducido, se construirá en el estudio, porque de este modo se tiene control absoluto [del entorno]». Pero si la película requiere un panorama o un paisaje espectacular, lo habitual es intentar filmar en exterior.

Incluso cuando se ha decidido llevar a cabo el rodaje en el mundo real, no es tan sencillo como presentarse en un lugar y encender las cámaras. «Un jefe de localizaciones tiene que llegar a un lugar y determinar si el rodaje es factible», comenta Powell. Aunque los equipos actuales sean menos voluminosos que los de los inicios, aún pueden suponer un reto significativo para el personal. «Cualquier producción necesita una enorme cantidad de material, reparto y equipo técnico. Así que está muy bien encontrar el lago perfecto en lo alto de una montaña, pero resulta muy caro subir todo hasta allí arriba».

Cuando trasladar el equipo parece imposible, existe la tentadora opción de utilizar los efectos visuales para crear la imagen de un entorno montañoso.

EL EQUIPO DE PRODUCCIÓN HARÁ LO QUE SEA MÁS EFICIENTE Y MÁS CREATIVO

El equipo de producción y el jefe de localizaciones tendrán que evaluar la logística y las especificaciones del guion. Powell añade: «Producción puede argumentar: "Esta [localización] implica una logística más sencilla y es mucho más barata", pero si trabajas con un director famoso que dice: "¡Quiero esta!", entonces la película se rodará sin duda en esa localización. Básicamente, se hará lo que sea más eficiente y más creativo».

Pocas películas reflejan tan bien las dificultades de filmar en escenarios naturales como la controvertida *Fitzcarraldo* (1982)

Rodando la epopeya bélica *Apocalypse Now* en Filipinas

1967
El fracaso en taquilla de *Camelot* se atribuye en parte a unos decorados de estudio poco convincentes.

1968
Steve McQueen y el director Peter Yates inventan la persecución de coche en las calles de San Francisco con *Bullitt*.

de Werner Herzog. Esta película relata el intento de un irlandés aficionado a la ópera de transportar una embarcación de 320 toneladas por la amazonía peruana atravesando tramos de tierra firme con colinas. Herzog no estaba dispuesto a simularlo, de modo que el equipo arrastró el barco hasta lo alto de la colina, lidiando con una climatología adversa, el enfado de los actores y las serpientes venenosas. Varios miembros del equipo murieron llevando a cabo la visión de Herzog, de modo que esta película es un desagradable recordatorio de que rodar en exteriores, sin la seguridad del estudio, requiere cuidado y respeto hacia el reparto y el entorno.

A pesar de los desafíos que presenta la filmación en exteriores, sigue siendo uno de los recursos esenciales del cineasta. «Rodar en un estudio no es comparable a hacerlo en un entorno real», explica Powell. «En un estudio eres eficiente, eso está claro, pero cuando llegas a un lugar y contemplas un increíble paisaje montañoso o estás rodeado por la impresionante arquitectura de una ciudad... grabar allí vale su peso en oro». Y con localizaciones tan hermosas, ha surgido una industria turística en torno a los mejores escenarios.

Turismo cinematográfico

Cuando una película o una serie se rueda en una localización perfecta, esta puede volverse tan icónica como los propios personajes o los diálogos. No

IMÁGENES GENERADAS POR ORDENADOR

Las localizaciones de las películas suelen modificarse por ordenador antes de aparecer en pantalla. Estos retoques digitales son en ocasiones obvios —por ejemplo cuando el Millennium Bridge de Londres, la catedral de St Paul y el famoso perfil del río Támesis fueron sustituidos por la arquitectura futurista del planeta Xandar en los *Guardianes de la galaxia* (2014) de Marvel—, pero hay otros más sutiles —es necesario conocer muy bien Maya Bay, en Tailandia, para descubrir que en *La playa* (2000), de Danny Boyle, se añadieron varias colinas para dar un aspecto más recóndito al lugar—.

Werner Herzog dirigiendo al equipo de *Fitzcarraldo*

1977

George Lucas utiliza localizaciones en Túnez para crear los paisajes de una galaxia muy muy lejana en *Star Wars*.

1984

El parque de bomberos neoyorquino de Hook & Ladder 8, en Tribeca, adquiere fama al convertirse en cuartel general de los cazafantasmas.

Paul Hogan durante el rodaje en Australia de *Cocodrilo Dundee* (1986)

STAGECRAFT

¿Para qué trasladar a los actores a un destino lejano cuando puedes llevar la localización perfecta hasta ellos? Series de *Star Wars* como *El mandaloriano* (2019-) han empleado el StageCraft, una pionera tecnología de Industrial Light and Magic, para conseguir justo eso. Estos decorados virtuales usan enormes pantallas LED para proyectar fondos digitales que pueden actualizarse en tiempo real. Los elementos visuales suelen incluir metraje rodado en localizaciones reales, lo que significa que el reparto puede viajar miles de kilómetros en cuestión de segundos sin abandonar el estudio.

sorprende, por tanto, que haya fans dispuestos a visitar los lugares donde se desarrollan sus escenas favoritas, como si este viaje fuera equivalente a comprar una camiseta o una figura coleccionable.

«El turismo cinematográfico es una industria en constante crecimiento», explica Hayley Armstrong, jefe de los servicios de producción de Creative England, una organización que ayuda a los equipos de cine y televisión a encontrar sus escenarios idóneos. «Contar con la localización de una película o una serie puede significar una publicidad impagable».

A lo largo de su historia, el cine ha ofrecido al espectador la oportunidad de asomarse a mundos completamente distintos a su realidad cotidiana. Así que cuando el director William Wyler insistió en llevar a Audrey Hepburn y Gregory Peck a Italia para rodar *Vacaciones en Roma* en 1953, su arriesgada apuesta dio lugar a una guía turística en movimiento de la capital italiana.

En la segunda mitad del siglo XX los viajes internacionales se volvieron más accesibles, por lo que realizar un recorrido por la Australia de *Cocodrilo Dundee* o una visita a la Nueva York de *Los cazafantasmas* se convirtió en una opción para muchos cinéfilos. Por otra parte, la revolución del cine en casa de las décadas de 1980 y 1990 permitió a los fans ver una y otra vez sus películas favoritas, asegurando que sus escenarios se volvieran aún más reconocibles

1992

El huracán Iniki azota la isla hawaiana de Kaua'i y destroza los decorados de *Parque jurásico*.

2001

Peter Jackson muestra en su oscarizada trilogía de *El señor de los anillos* que Nueva Zelanda es la sustituta perfecta de la Tierra Media.

y familiares. Incluso sitios que tradicionalmente no se hubieran considerado destinos turísticos podían convertirse en lugares de peregrinación, como la Acton Lane Power Station de Londres (ahora demolida), que apareció en *Aliens* (1986) y en *Batman* (1989).

El turismo cinematográfico puede impulsar la economía de una región. Nueva

EL CINE OFRECE LA OPORTUNIDAD DE ASOMARSE A MUNDOS DESCONOCIDOS

El lago Wakatipu en Nueva Zelanda, Lothlórien en *El señor de los anillos*

Zelanda experimentó un aumento del 40 % en el número de turistas tras el rodaje de la trilogía de *El señor de los anillos* de Peter Jackson, y Highclere Castle, en Hampshire (Inglaterra), ha percibido un incremento significativo en las visitas tras su papel como mansión familiar en la serie *Downton Abbey* (2010-2015). Según los datos de VisitEngland, el turismo cinematográfico aportó 894 millones de libras al Reino Unido en 2019. En cuanto a la industria estadounidense, se espera

que doble su valor hasta los 128 000 millones de dólares en la próxima década. Las plataformas de *streaming* no dejan de añadir contenido con magníficas localizaciones en todo el mundo, por lo que los viajes a escenarios cinematográficos seguirán creciendo en los próximos años.

Algunos turistas cinematográficos se conforman con hacerse un *selfie* rápido en el andén 9¾ de la estación King's Cross de Londres, pero otros buscan experiencias más inmersivas. «La forma de difundirlo depende de la localización», explica Armstrong. «Para empaparse del lugar, la gente quiere

2015
Sufragistas se convierte en la primera película en rodar dentro del histórico Parlamento británico.

2018
Succession aporta realismo a su despiadada trama rodando reuniones de junta en el neoyorquino 7 World Trade Center, construido en 2006.

NO EXISTE SIMULACIÓN QUE PUEDA COMPETIR CON NUESTRO PLANETA

conocer las anécdotas del rodaje. Cualquier cosa que convierta una visita en una vivencia más inmersiva resulta valiosa». Por ejemplo, los seguidores de la serie de Netflix *Los Bridgerton* (2020-) pueden disfrutar de un recorrido guiado por la arquitectura georgiana de Bath, Inglaterra, que le sirve de telón de fondo.

Por supuesto, el turismo cinematográfico puede tener su lado negativo. Tanta gente quiso emular a Leonardo DiCaprio en *La playa* que la espectacular Maya Bay, en Tailandia, tuvo que cerrarse de 2018 a principios de 2022 para que el litoral se recuperara del grave deterioro. Ser un turista cinematográfico responsable con el entorno es ahora más importante que nunca.

Pero las técnicas cinematográficas siguen avanzando, por lo que la tentación de conjurar mundos enteros desde los confines del estudio será cada vez mayor.

En el set de la serie de Netflix *Los Bridgerton (arriba)*, rodada en Bath, Inglaterra *(izquierda)*

Pero, como innumerables películas y series han demostrado, no existe simulación que pueda competir con nuestro planeta. En ocasiones, los viajes más cinematográficos pueden realizarse sin necesidad de croma.

2021

Tras el éxito de *The White Lotus,* el San Domenico Palace de Four Seasons, en Sicilia, se llena con meses de antelación.

2022

La serie *Miércoles* de Netflix, rodada en Bucarest, ha estimulado la industria turística de Rumanía.

VISITAS A ESTUDIOS

Visitar una localización famosa puede parecer la manera más obvia de ver el lugar donde se filmaron nuestras películas favoritas, pero existe otra forma de revivir esos instantes memorables. Algunos estudios —mezcla de museo, parque temático y viaje nostálgico— abren sus puertas para ofrecer a los fans un recorrido entre bastidores.

ESTUDIOS DE HOLLYWOOD, ESTADOS UNIDOS

Los Ángeles ha sido desde siempre la meca del cine estadounidense, por lo que no sorprende que existan tantas visitas guiadas por estudios. Warner Bros., Sony Pictures, Paramount y Universal ofrecen recorridos entre bambalinas. Todos incluyen colecciones de decorados clásicos y atrezo, para que cada visitante disfrute de sus favoritos.

HOBBITON™ MOVIE SET, NUEVA ZELANDA

El señor de los anillos tuvo tanto impacto en Nueva Zelanda que se asignó a uno de los ministros del gobierno la tarea de capitalizar el éxito de las películas. Dos décadas después sigue siendo evidente el legado de la trilogía, sobre todo al visitar los decorados de Hobbiton™ (en Matamata, Waikato), donde se recreó la Comarca.

CINECITTÀ, ITALIA

Los estudios Cinecittà en Roma, un lugar clave en la historia del cine, fueron construidos por Mussolini en la década de 1930 y siguen siendo los mayores estudios cinematográficos de Europa. Aquí se han rodado clásicos de Federico Fellini y *Gangs of New York* (2002) de Martin Scorsese. La visita incluye un paseo por el decorado construido para el drama histórico *Roma* (2005-2007) de HBO/BBC.

GAME OF THRONES STUDIO TOUR, REINO UNIDO

Buena parte del rodaje de *Juego de tronos* (2011-2019) se realizó en Irlanda del Norte, tanto en escenarios reales como en estudios. Este parque temático situado en Banbridge reúne atrezo, vestuario y enormes decorados de Poniente, así como el codiciado Trono de Hierro en todo su austero esplendor. También ofrece divertidas muestras interactivas.

WARNER BROS. STUDIO TOUR LONDON, REINO UNIDO

Esta visita al estudio de rodaje de Harry Potter, en Leavesden, es imprescindible para todo el que haya soñado alguna vez con asistir al Colegio Hogwarts de Magia y Hechicería. Desde recorrer las estrechas calles del callejón Diagon hasta volar en una escoba, aquí se puede experimentar la magia del cine en sentido literal.

1

CON SUPERPODERES

Nuestros relatos favoritos sobre el bien derrotando al mal suelen desarrollarse en calles muy similares a las que conocemos. Este choque entre lo común y lo extraordinario es lo que aumenta el suspense y convierte cada batalla mítica en algo creíble. Cierto es que Spider-man puede lanzar telarañas y Superman ascender a los cielos, pero Peter Parker debe cumplir horarios y Clark Kent tiene fechas de entrega que cumplir.

Cuando se trata de llevar cómics a la gran pantalla, la elección del escenario es fundamental. Claro está que, en un género en el que los superhéroes pueden volar, el uso de imágenes generadas por ordenador es inevitable, pero gran parte de la credibilidad de las oscuras calles de DC Comics y el universo multicolor de Marvel se debe a la autenticidad de las localizaciones empleadas.

UNIVERSO CINEMATOGRÁFICO DE MARVEL

El cine del siglo XXI está dominado por el Universo Marvel, al que pocos rivales hacen sombra. Esta megafranquicia no deja de generar éxitos de taquilla, en los que han participado algunos de los mejores actores de Hollywood.

La deslumbrante ciudad de Nueva York, hogar de muchos héroes

AÑO
2008-

LOCALIZACIÓN
TODO EL MUNDO

Afirmar que Marvel ha tenido un gran impacto en la historia del cine es quedarse corto. Este coloso cinematográfico ha producido más de 50 películas y series de televisión, ha trabajado con multitud de estrellas de Hollywood y ha cambiado para siempre el aspecto del cine de entretenimiento.

Pocos lo habrían imaginado cuando, en 2008, Marvel Studios estrenó su primera incursión en el mundo del cine, *Iron Man.* La película fue una apuesta arriesgada, con el entonces controvertido Robert Downey Jr como protagonista y Jon Favreau como inesperado director. Contra todo pronóstico, *Iron Man* conquistó el mundo y dio comienzo al reinado cinematográfico del estudio. Y no es que las películas de superhéroes fueran una novedad. Antes de que el primer *Iron Man* generara una saga, el público había disfrutado del *Superman (p. 34)* de Christopher Reeve, la trilogía de *Spider-Man* de Sam Raimi y la serie de *X-Men (p. 30).* Pero los éxitos en taquilla de Marvel iban a convertirse en una fuerza en expansión.

Aunque Marvel realiza un gran uso del croma para construir su universo, el éxito de la franquicia puede atribuirse también a sus tomas en escenarios reales (después de todo, el barrio de Spider-Man solo podría ser uno de verdad). La ciudad más unida a Marvel es Nueva York. Aquí comenzó su andadura en 1939 la editorial que publicaba los cómics (originariamente Timely Publications), y su legendario escritor y editor Stan Lee, creador de muchos de los principales superhéroes en la década de 1960, nació en Manhattan. Lee solía ambientar sus historias en esta ciudad y estableció en ella a muchos de sus personajes (Spider-Man nació y creció en

Grand Central
Terminal,
escenario de la
batalla de Nueva
York

Queens, el Capitán América era de Brooklyn y Jessica Jones trabajaba en Hell's Kitchen). Al ubicar las aventuras de sus héroes en lugares reales, Lee aumentaba la tensión de los relatos. En pantalla no hay mejor ejemplo que el enfrentamiento entre los Vengadores y los chitauri, unos malvados alienígenas liderados por el dios Loki, en la batalla de Nueva York, en *Los Vengadores* (2012).

Aunque los leviatanes (unas enormes bestias utilizadas por los chitauri) siembran el caos en toda la ciudad, la acción se desarrolla principalmente en el viaducto de Park Avenue, sobre la calle 42, junto a la histórica estación Grand Central Terminal de Nueva York (el rodaje se llevó a cabo en Cleveland). Un dato curioso: cuando la Grand Central aparece en la segunda entrega de los Vengadores, *La era de Ultrón* (2015), los dioses griegos del reloj que decora la fachada han sido sustituidos por un

homenaje al ejército de los humanos que participaron en la batalla de Nueva York. Un detallito añadido por Marvel.

Grand Central Terminal es un destacado monumento neoyorquino, pero no es el verdadero objetivo de Loki. En realidad, el dios del engaño tiene la mirada puesta en la torre Stark. El rascacielos de Tony Stark, que se convirtió en la torre de los Vengadores en *Capitán América: El soldado de invierno* (2014), es una imagen generada por ordenador superpuesta al MetLife Building. James Chinlund, diseñador de producción de *Los Vengadores,* creció en Nueva York y veía este edificio de 59 plantas cada día. En 2012 comentó en el blog de tecnología *Gizmodo* que sería el lugar perfecto para fusionar la antigua Nueva York con la tecnología futurista del UCM. «Tony Stark adquiere el emblemático MetLife Building y añade en la parte superior su aportación de arquitectura

de la Filarmónica de Nueva York en la sala Appel del Deutsche Bank Center.

④ Rockefeller Center

Clint Barton, alias Ojo de Halcón, y Kate Bishop terminan la primera temporada de *Ojo de Halcón* (2021-) enfrentándose a la mafia en el edificio Rockefeller Plaza, sobre la famosa pista de hielo y el árbol de Navidad. El escenario neoyorquino se recreó en un plató de Atlanta con imágenes digitales de la localización real.

⑤

Queensboro Bridge

Spider-Man y MJ son rodeados por helicópteros de la prensa en lo alto del puente de Queensboro al inicio de *Spider-Man: No Way Home*.

⑥ MetLife Building

El cuartel general de Tony Stark (primero torre Stark y luego torre de los Vengadores) es una superposición digital al edificio MetLife. Se ven zonas de los pisos inferiores reales.

⑦ Grand Central Terminal

Un descomunal leviatán causa destrozos en esta estación durante la épica batalla de Nueva York en *Los Vengadores*.

⑧ Park Ave Viaduct

Tras estrellar un Quinjet frente a 101 Park Avenue (que aparece en otras películas, como *Gremlins 2*), los Vengadores se reúnen en esta carretera.

① Alexander Hamilton Bridge *12 km* ↑

② Central Park

③ New York Philharmonic

HELL'S KITCHEN

Rockefeller Center ④

Queensboro Bridge ⑤

Times Square ⑨

MidTOWN EAST

MidTOWN WEST

MetLife Building ⑥

Park Ave Viaduct ⑧ ⑦ Grand Central Terminal

MANHATTAN

QUEENS

Río Hudson

Río East

CHELSEA

Flatiron Building ⑩

GRAMERCY PARK

GREENWICH VILLAGE

177A Bleecker St ⑪

NUEVA YORK

SOHO

TRIBECA

LOWER EAST SIDE

LOWER MANHATTAN

WILLIAMSBURG

⑫ Staten Island Ferry

DUMBO

BROOKLYN

---

① Alexander Hamilton Bridge

El primer encuentro entre Peter Parker y el Doctor Octopus en *Spider-Man: No Way Home* (2021) se produce en este puente (filmado en Atlanta).

② Central Park

En la escena final de *Los Vengadores,* el grupo contempla cómo Thor regresa a Asgard con Loki desde Bethesda Terrace, en Central Park.

③ New York Philharmonic

En *The Defenders* (2017), Alexandra asiste a un concierto privado

⑨

Times Square

En *Capitán América: El primer vengador* (2011), un confuso Steve Rogers (alias Capitán América) corre al centro de Times Square al despertar tras 70 años congelado.

⑩ Flatiron Building

En este edificio de 22 plantas está el Departamento de Control de Daños de *Ms. Marvel* (2022). En las películas de *Spider-Man* de Sam Raimi sirve de sede al *Daily Bugle*.

⑪ 177A Bleecker St

En esta dirección, quizás la más famosa del Universo Marvel, tiene su residencia el hechicero Doctor Strange.

⑫

Staten Island Ferry

En *Spider-Man: Homecoming* (2017), Peter intenta capturar al malvado Buitre en el ferri de Staten Island, incumpliendo la orden de Iron Man de pasar desapercibido.

parasitaria», especuló el diseñador de producción. Los fans más observadores verán que el MetLife Building aparece de nuevo en el episodio final de *Ojo de halcón* y en la segunda película de *Doctor Strange*. ¿Es posible que MetLife haya recuperado el edificio después de que los Vengadores se trasladaran al norte de la ciudad? Al sur del rascacielos se halla 101 Park Avenue, donde el Quinjet que transporta a la Viuda Negra, a Ojo de Halcón y al Capitán América se hace pedazos en *Los Vengadores*.

Los Vengadores se han reunido, pero ¿dónde está el Doctor Strange mientras el grupo se enfrenta a los chitauri? Como se descubre más adelante, el principal protector de la Tierra no era aún un hechicero, y es al Anciano al que se ve luchando con los alienígenas en 177A Bleecker en *Los Vengadores: Endgame* (2019). Esta ha sido la dirección oficial del Doctor Strange desde que un telegrama dirigido al sanctasanctórum apareciera en septiembre de 1969 en el cómic 182 de *Doctor Strange*. Se trataba de una broma entre los escritores de Marvel, Roy Thomas y Gary Friedrich, y el artista Bill Everett, que habían vivido en 177 Bleecker Street; Steve Ditko, colaborador habitual de Stan Lee, también había residido aquí y conocía bien la calle. En la actualidad, este edificio del siglo XIX alberga una bodega en la planta baja; se puede tomar algo en ella, aunque sea poco probable toparse con el Doctor Strange en el vecindario.

El interior del sanctasanctórum se rodó en Reino Unido, en un plató de Longcross Studios, a las afueras de Londres. Y el patio con techo acristalado del British Museum sirvió de cuartel general a los *illuminati* de Tierra-838 en *Doctor Strange en el multiverso de la locura* (2022).

Esta no fue la primera vez que Inglaterra hacía de Nueva York en el Universo

Marvel. Para *Capitán América: el primer vengador* (2011), donde se relatan los orígenes del personaje, Marvel Studios utilizó las calles de Manchester y Liverpool para recrear el Brooklyn de la Segunda Guerra Mundial. Cuando Steve Rogers emerge del experimento de supersoldado (más alto y fuerte que antes), pasa directamente a la acción y empieza a perseguir a un asesino por Brooklyn y su muelle —en realidad, el decimonónico Stanley Dock de Liverpool—.

Cleveland (Ohio) también sustituyó a la Gran Manzana en la batalla de Nueva York de los Vengadores. La secuencia del grupo se filmó en East 9th Street, en el centro de la ciudad, y en la posproducción se añadió digitalmente el paisaje neoyorquino y la fachada de la estación Grand Central Terminal. La ciudad también reemplaza a Nueva York en la secuela del *Capitán América* (2014) y *Spider-Man 3* (2007). ¿Y por qué Cleveland resulta tan buena sustituta de la Gran Manzana? Porque está en el mismo huso horario de la costa este, tiene una arquitectura similar y soporta menos tráfico, lo que facilita el corte de calles para el rodaje.

Aunque Nueva York es el centro del Universo Marvel, no es el único hogar de los héroes —si puedes volar, ¿por qué limitarte a un solo sitio?—. La mansión de Tony Stark en Malibú no es un lugar real, pero existen muchas otras

El patio central del British Museum, cuartel general de los *illuminati*

SPIDEY EN EL INSTITUTO

Tom Holland asistió de incógnito a un instituto del Bronx para conocer el sistema educativo estadounidense y preparar su papel como Spider-Man. Al segundo día empezó a aburrirse y le contó a todo el mundo por qué estaba allí realmente.

El MetLife Building de Nueva York, la torre Stark en el Universo Marvel

CANADÁ

ESTADOS UNIDOS

Portland
Boise
Minneapolis
Boston
5 NY-97
Buffalo
Nueva York
Salt Lake City
Chicago
Cleveland 6
1 San Francisco
Denver
Washington, DC 7
2 Lago Shaver
Cincinnati
Richmond
Kansas City
Edwards Air Force Base 3
Las Vegas
Rose Hill 8
Los Ángeles 4
Albuquerque
Memphis
Charlotte
Atlanta
San Diego
9
Océano Atlántico
Dallas
Granja Bouckaert 10
Jacksonville
Océano Pacífico
Nueva Orleans
Houston
MÉXICO
Vizcaya Museum and Gardens 11

---

① San Francisco

El autobús donde se desarrolla la pelea de *Shang-Chi y la leyenda de los diez anillos* (2021) pasa por Ghirardelli Square y el túnel de Stockton Street antes de acabar en las calles North Point y Larkin.

Lago Shaver

Este pintoresco lago californiano es el remoto lugar donde se estrellan Carol Danvers y Mar-Vell en *Capitana Marvel* (2019).

③ Edwards Air Force Base

En esta base de alta seguridad se rodaron las escenas aéreas de *Capitana Marvel*.

④ Los Ángeles

Cuando Nick Fury le pide a Stark que «salga del donut» en *Iron Man 2* (2010), Stark está en lo alto de Randy's Donuts, en Inglewood.

En *Iron Man 3,* Happy Hogan escapa por poco de una explosión en el Grauman's Chinese Theatre de Hollywood Boulevard.

El videoclub sobre el que cae Vers en *Capitana Marvel* se recreó en un local en 6321 Laurel Canyon Boulevard, en North Hollywood.

⑤ NY-97

Stephen Strange pierde el control de su coche en New York State Route 97, cerca del tramo de Hawk's Nest, al inicio de la primera película de *Doctor Strange*.

⑥

Cleveland

Además de sustituir a Nueva York, Cleveland se convirtió en Stuttgart en *Los Vengadores*. Loki obliga a una multitud a arrodillarse frente a él en la Public Square de la ciudad.

⑦ Washington, DC

En la escena inicial de *El soldado de invierno,* el Capitán América se encuentra con Sam Wilson mientras corre alrededor del estanque y el monumento a Jefferson de Washington, DC.

⑧ Rose Hill

Iron Man se queda aislado en Rose Hill en *Iron Man 3*. La localidad se basa en un lugar real, pero situado en Carolina del Norte y no en Tennessee, como se dice en la película.

⑨

Atlanta

El impresionante High Museum of Art de esta ciudad es el Museum of Great Britain en *Black Panther*.

El hotel Atlanta Marriott Marquis sirvió de cuartel general a la TVA en *Loki* (2021-).

En *Capitán América: Civil War* (2016) y *Spider-Man: Homecoming,* se utilizó una versión modificada digitalmente del Porsche Experience Centre de Atlanta como sede central de los Vengadores.

La Wheat Street Tower aparece como un bloque de viviendas en Oakland (California) al inicio y al final de *Black Panther*.

⑩ Granja Bouckaert

Esta granja de Georgia fue el verde escenario para las batallas de *Vengadores: Infinity war* (2018) y *Black Panther*. También alberga la cabaña de Tony Stark en *Vengadores: Endgame;* por suerte para los fans, se puede alquilar.

⑪

Vizcaya Museum and Gardens

El Mandarín de *Iron Man 3* realiza sus transmisiones desde esta mansión de principios del siglo XX en Miami (Florida).

localizaciones del UCM en California. En Hollywood, se puede visitar el Grauman's Chinese Theatre, donde una explosión provocada por Extremis en *Iron Man 3* (2013) está a punto de matar a Happy —el rodaje mantuvo cerrado Hollywood Boulevard durante dos días—. En *Iron Man 2* (2010), Nick Fury se encuentra al héroe sentado en el gigantesco donut del tejado de Randy's Donuts, cerca del aeropuerto internacional de Los Ángeles (LAX).

Washinton, DC también ha aparecido en la franquicia. Se puede correr alrededor del estanque de la capital estadounidense igual que hacen Steve Rogers y Sam Wilson cuando se conocen en *El soldado de invierno*. O emular la excursión de Peter Parker al cercano monumento a Washington, que aparece en una tensa escena de *Spider-Man: Homecoming* (2017), aunque la acción se filmó con croma.

El estanque del monumento a Lincoln, ideal para correr

Peter se embarca en un nuevo viaje escolar en su segunda entrega, *Spider-Man: Lejos de casa* (2019), esta vez a Europa. Los fans pueden recorrer el bello puente de Carlos en Praga, donde MJ descubre la verdadera identidad de Peter, o alojarse en el hotel NH Collection Prague Carlo IV en el que acaban los jóvenes, ambos en la capital checa. El enfrentamiento

UNA BASE PARA EL UCM

El campamento Lehigh, una base militar ficticia en Nueva Jersey, aparece varias veces en el Universo Cinematográfico de Marvel. Una de las localizaciones usadas para filmarlo fue el bosque de Black Park, junto a los Pinewood Studios de Londres, lugar de entrenamiento de Steve Rogers en la década de 1940 en *Capitán América: El primer vengador*. La versión de la década de 1970 en *Vengadores: Endgame* se rodó en unos antiguos almacenes en Sylvan Road Southwest, en Atlanta.

Grauman's Chinese Theatre, escenario de una explosión en *Iron Man 3*

con el Elemental de Fuego se rodó en la ciudad de Liberec, a unos 128 km de distancia. Tras su viaje a Praga, Peter visita Berlín antes de unirse a sus compañeros de clase en Londres. En la capital británica es donde concluye *Lejos de casa,* con el famoso Tower Bridge *(p. 32)* como escenario del combate final con Mysterio, aunque lo que se ve en pantalla es una maqueta digital del monumento. En Londres se encuentran también varias localizaciones de *Eternals* (2021), que la directora Chloé Zhao rodó en su mayoría en exteriores. Camden High Street, Piccadilly Circus y Hampstead Heath van apareciendo mientras la empática Sersi trata de reunir a los Eternos.

Con la expansión del Universo Marvel, y con él la magnitud de sus personajes con superpoderes, se ha tenido que buscar localizaciones por todo el mundo. Para crear el Wakanda de Black Panther se recurrió a escenarios estadounidenses, con una granja de Georgia para representar sus verdes llanuras en *Infinity War,* pero fueron las cataratas del Iguazú, en Argentina, las que inspiraron la cascada del Guerrero, donde se desarrolla la batalla por la corona en *Black Panther* (2018). Por su parte, el jardín de Thanos que aparece en las dos últimas películas de los Vengadores se rodó en los arrozales abancalados de Banaue, en Filipinas.

Aunque el croma se ha convertido en un elemento fundamental para el Universo Marvel —sobre todo cuando los héroes se desplazan entre planetas—, la inspiración para estos mundos fantásticos procede en gran medida de la Tierra. Con su variedad de monumentos y paisajes naturales, no es de extrañar que los Vengadores se unan para proteger el planeta.

El jardín de Thanos, los arrozales abancalados de Banaue en Filipinas

Hjørundfjorden

La Viuda Negra se esconde en Noruega en la película homónima (2021) y atraviesa en ferri el nevado Hjørundfjorden.

② Liberec

Spider-Man y Mysterio se enfrentan al Elemental de Fuego en la plaza Dr Edvard Beneše de Liberec (pretendiendo ser Praga) en *Spider-Man: Lejos de casa*.

③ Praga

MJ descubre una tecnología de aspecto sospechoso en el puente de Carlos de Praga en *Lejos de casa.*

Durante su viaje escolar, Peter y sus compañeros acaban alojados en el hotel NH Collection Prague Carlo IV.

Los estudiantes que viajan con Peter tienen que ver una ópera en el teatro Vinohrady en vez de unirse al animado carnaval de la ciudad.

Campo Santa Maria Formosa

El combate con el Elemental de Agua en *Lejos de casa* se rodó en esta plaza. Spider-Man trata de salvar su campanario.

Forte di Bard

En *Vengadores: La era de Ultrón,* esta fortaleza italiana es el cuartel general de HYDRA en Sokovia.

⑥ Belchite

En *Spider-Man: No Way Home,* los espectadores ven por primera vez un Elemental en el pueblo de Ixtenco, México. El rodaje tuvo lugar en Belchite *(p. 68),* España.

⑦ Salisbury Plain

El rancho de Ajak en Dakota del Sur que aparece en *Eternals* se rodó en Salisbury Plain, cerca del monumento megalítico de Stonehenge.

Sainsbury Centre

Este museo modernista de Norwich aparece en *Vengadores: La era de Ultrón* como primer complejo de los Vengadores.

⑨ St Abbs

Esta aldea de pescadores en Escocia fue Nuevo Asgard en *Vengadores: Endgame;* los fans encuentran aquí a un Thor muy cambiado.

Edimburgo

Wanda y Visión pasean (y defienden sus vidas) en esta impresionante ciudad escocesa al comienzo de *Vengadores: Infinity War.*

⑪ Camden High St

Los Eternos se enfrentan a un monstruoso desviante en Camden High Street; es aquí donde Sersi transforma un autobús rojo en una ráfaga de pétalos de rosa.

⑫ British Museum

En su segunda película, el Doctor Strange es llevado ante los *illuminati* en este museo.

⑬ Piccadilly Circus

En *Eternals* se ve a Sersi en Piccadilly Circus, en el centro de Londres, antes de dirigirse al vestíbulo del Natural History Museum, situado en realidad en South Kensington.

⑭ Tower Bridge

Lejos de casa finaliza con un combate sobre este puente de la capital británica (recreado digitalmente para la película).

Old Royal Naval College

En *Thor: El mundo oscuro* (2013), el malvado Malekith aterriza su enorme nave espacial en la Academia Naval de Greenwich.

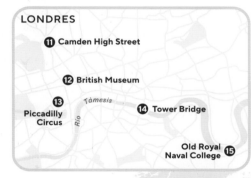

X-MEN

Los impresionantes
lagos de Kananaskis
en Alberta, conocidos
como el lago
Alkali de *X2*

Las adaptaciones de superhéroes estaban lejos de ser éxitos seguros a principios del milenio, pero las películas de *X-Men* demostraron cómo los escenarios reales pueden ayudar a volver creíble lo increíble.

**AÑO
2000–**

**LOCALIZACIÓN
CANADÁ,
INGLATERRA,
AUSTRALIA**

Los superhéroes se han convertido en el género que define el Hollywood del siglo XXI, y la primera película de *X-Men* (2000) fue fundamental en el inicio de esta revolución. Estrenado tres años después de la poco exitosa *Batman y Robin,* el exitoso largometraje de Marvel respetó bastante su fuente. De hecho, la adaptación de la historia debe mucho al movimiento estadounidense por los derechos civiles que había inspirado en la década de 1960 a sus creadores, Stan Lee y Jack Kirby.

Los directores se aseguraron de que su primera trilogía sobre mutantes se desarrollara en un futuro verosímil empleando localizaciones reales en Canadá. El Parkwood Estate de Oshawa fue el exterior del Instituto Xavier para Jóvenes Talentos en la película original, y los lagos de Kananaskis en Alberta se convirtieron en el lago Alkali (donde *nace* Lobezno) en *X2* (2003). Para las escenas culminantes en lugares emblemáticos reales, como la Estatua de la Libertad o la isla de Alcatraz, se acudió a localizaciones en Ontario y British Columbia respectivamente.

Cuando la franquicia creció para incluir varias precuelas, una trilogía sobre Lobezno y *Deadpool* (2016), se añadieron a la lista de estudios en Australia y Reino Unido. Hugh Jackman viajó a Tokio para la filmación de *Lobezno inmortal* en 2013 (adaptación libre del arco narrativo que se desarrolla en Japón en los cómics),

aunque muchas de las escenas clave de la película se rodaron en los alrededores de Sídney.

Las localizaciones en las películas de *X-Men* son, sin embargo, poco consistentes. La saga tiene una continuidad complicada y en ocasiones contradictoria, y esto se refleja en cambios en escenarios clave. Por ejemplo, el instituto del profesor Xavier que aparece en *X-men: Primera generación* (2011), precuela ambientada en la década de 1960, es en realidad un edificio en Inglaterra (Englefield House, cerca de Reading) y no Canadá.

No obstante, el enfoque notablemente realista de la saga demostró que el grupo de superhéroes de Marvel podía ser extremadamente rentable en pantalla, allanando el camino para el arrollador Universo Cinematográfico de Marvel *(p. 20).*

Parkwood Estate, localización del Instituto Xavier para Jóvenes Talentos

¿LO SABÍAS?

DOUGRAY SCOTT

El actor escocés Dougray Scott iba a interpretar a Lobezno, pero su compromiso con *Misión: Imposible 2* (p. 210) lo impidió.

HUGH JACKMAN

Jackman supera con creces el 1,6 m de altura del Lobezno del cómic, de modo que el director hizo que pareciera lo más bajo posible en la primera película.

UN PUENTE LEJANO

Los puentes sirven para atravesar cursos de agua, menos en pantalla. A menudo destruidos, en ocasiones salvados y rara vez cruzados, estos puentes han aparecido en escenas inolvidables.

GOLDEN GATE BRIDGE, EE. UU.

A pesar de su robustez, este podría ser el puente más destruido en pantalla. Fue arrancado y trasladado de lugar en *X-Men: La decisión final* (2006), se convirtió en campo de batalla en *El origen del planeta de los simios* (2011) y ha sido destrozado por innumerables terremotos y monstruos –¿cómo olvidar el ataque del *kaiju* en *Pacific Rim* (2013)?–.

TOWER BRIDGE, REINO UNIDO

El puente más famoso de Londres ha aparecido en pantalla en innumerables ocasiones. En él se desarrollan peleas decisivas tanto en *Sherlock Holmes* (2009) como en *Spider-Man: Lejos de casa (p. 28)*. Esta última combinó imágenes rodadas en estudio con una elaborada maqueta virtual para la que se escaneó digitalmente cada elemento del puente durante más de 10 días.

BROOKLYN BRIDGE, EE. UU.

Con el horizonte de Manhattan como telón de fondo, este puente neoyorquino es perfecto para el cine. Aunque su panorámico esplendor no haya evitado que sea atacado por monstruos y misiles, como en *Godzilla* (1998) y *Soy leyenda* (2007). Por suerte, no todo han sido matanzas; los héroes animados de *Oliver y su pandilla* (1988) utilizaron los cables del puente para escapar del malvado Bill Sykes.

PONT DE BIR-HAKEIM, FRANCIA

Los directores debieron pensar que este puente de dos alturas —con estilo clásico y columnatas— era demasiado bello para destruirlo, así que lo aprovecharon para que paseara por él un taciturno Marlon Brando en *El último tango en París* (1972) y como escenario de una inquietante escena en *Origen* (2010). Esta última resulta tan fascinante que empezó a conocerse como el puente de Origen.

EDMUND PETTUS BRIDGE, EE. UU.

El puente de Edmund Pettus no ha aparecido en muchas películas, pero tiene una gran importancia histórica. Casi 50 años después de los graves sucesos del Domingo Sangriento, la directora Ava Duverney pasó cuatro días filmando en este lugar, recreando con destreza las marchas por los derechos civiles en el puente para su oscarizada película *Selma* (2014).

1 El Golden Gate Bridge

2 El Tower Bridge de Londres, sin ningún superhéroe o detective a la vista

3 El Brooklyn Bridge, emblema de Nueva York

4 Las elegantes columnatas del Pont de Bir-Hakeim

5 El Edmund Pettus Bridge de Alabama, hoy Monumento Histórico Nacional

1

2

3

4

5

SUPERMAN

Luchando por la verdad, la justicia y el estilo de vida estadounidense,
el superhéroe con traje de licra saltó a la gran pantalla en 1978,
estableciendo las bases para las futuras películas del género.

AÑO
**1978, 1980,
1983, 1987**

LOCALIZACIÓN
ESTADOS UNIDOS

Nadie mejor que Christopher Reeve pudo interpretar a Superman, el hombre de acero que marcó un hito en el género de superhéroes, al convertir las películas que protagonizó en las favoritas de los fans.

Gran parte de las películas del Superman encarnado por Reeve se rodaron en Pinewood Studios, en Inglaterra, pero se recurrió a exteriores estadounidenses para dar vida a las localidades ficticias de Smallville y Metrópolis. La ciudad de Metrópolis, donde Clark Kent y la reportera Lois Lane viven y trabajan, se menciona por primera vez en el número

16 de *Action Comics,* y aunque no queda clara su ubicación, se parece al Manhattan de Nueva York. Por eso, el director Richard Donner consideró lógico filmar algunas escenas clave en la Gran Manzana. El rascacielos del *Daily News* se convirtió en la sede del *Daily Planet,* y sus 36 plantas sirvieron de telón de fondo a la famosa escena del helicóptero. Un dato curioso: en julio de 1977, mientras se rodaba en el edificio, se produjo un apagón que dejó a oscuras la ciudad. El equipo de producción prestó sus generadores a los trabajadores del *Daily News* para que el periódico llegara a imprenta. Un acto de generosidad del que Superman estaría orgulloso.

1

San Francisco
En la primera película, Superman evita que un autobús escolar caiga del Golden Gate Bridge; la escena se rodó con una maqueta en Reino Unido.

2

Hoover Dam
Lex Luthor provoca la destrucción de la presa de Hoover en la primera película. Para el rodaje se empleó una maqueta, pero se añadieron algunas imágenes reales del lugar.

3

Glen Canyon
Este espacio natural es donde el malvado empresario Webster y el programador Gus Gorman construyen su superordenador en *Superman III.*

5

Nueva York
La sede del *Daily News,* en 42nd St, se convirtió en las oficinas del *Daily Planet.*

La guarida de Lex Luthor estaba en un túnel bajo la Grand Central Terminal.

4

Superman Canyon Rd
Esta carretera de Nuevo México es donde el coche de Lois cae por una grieta abierta por un terremoto en *Superman.*

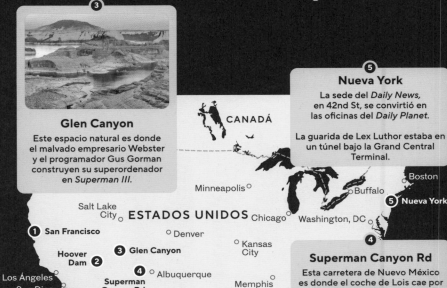

CANADÁ

Minneapolis

Salt Lake City

ESTADOS UNIDOS Chicago

1 San Francisco

Denver

Hoover Dam **2**

3 Glen Canyon

Kansas City

4 Albuquerque

Los Ángeles
San Diego

Superman Canyon Rd

Memphis

Dallas

Washington, DC

Boston

Buffalo

5 Nueva York

BATMAN

La predilección del director Tim Burton por el estilo sombrío y gótico encajó a la perfección con el Gotham de DC, al crear una nueva imagen para Batman que nada tenía que ver con la serie familiar de la década de 1960.

AÑO
1989

LOCALIZACIÓN
INGLATERRA

¿LO SABÍAS?

50°
ANIVERSARIO
La película se estrenó para celebrar el 50° aniversario del personaje de Batman.

MICHAEL KEATON
La elección de este actor para interpretar a Batman no gustó al principio, debido a su físico y a su relación con la comedia.

Si la Metrópolis de Superman se inspira en las luminosas calles de Manhattan, la Gotham de Batman recurre a las lúgubres entrañas de Nueva York, idóneas para el melancólico antihéroe. Por tanto, para llevar Gotham a la gran pantalla se requería un director algo especial.

La elección del joven Tim Burton (director hasta el momento de dos comedias poco convencionales) para un proyecto tan grande generó cierta preocupación. Pero inspirándose en Batman en los cómics *El regreso del caballero oscuro* (1986) de Frank Miller y *Batman: La broma asesina* (1988) de Alan Moore, Burton creó la ciudad descarnada y gótica que todos deseaban.

Aunque filmó gran parte de las escenas en Pinewood Studios, en Inglaterra, Burton recurrió a espacios industriales y caserones góticos para aportar un tono oscuro a la película. Para el exterior y el interior del refugio de Bruce Wayne/Batman, se emplearon dos mansiones de Hertfordshire, Knebworth y Hatfield. La primera gran escena de la película, la emboscada al futuro Joker en Axis Chemical Works, se rodó en la Little Barford Power Station de Cambridge y la Acton Lane Power Station (ahora demolida) de Londres. Al igual que Batman, Burton prefería las sombras, y su exitosa creación estableció un ambiente más oscuro para las futuras películas del superhéroe.

Knebworth House, idónea para el exterior gótico de la mansión Wayne

La Salle Street, en Chicago, aparece frecuentemente en la trilogía

1

Lower Wacker Dr

Batman persigue al Joker por esta calle en *El caballero oscuro* (2008); el adyacente Franklin-Orleans St Bridge lleva a los Narrows de Gotham.

2

Richard J Daley Center

Wayne Enterprises tiene su sede en este alto rascacielos. En realidad, el edificio es el principal centro cívico de Chicago.

3

Navy Pier

Los aterrorizados habitantes de Gotham son evacuados en ferris desde este muelle durante el ataque del Joker en *El caballero oscuro*.

4

La Salle St

En *El caballero oscuro* hay un ataque durante el homenaje a un policía en esta calle, que es también donde Batman y el Joker se encuentran por primera vez.

5

Old Post Office

El atraco a un banco al inicio de *El caballero oscuro* se filmó en la antigua oficina de correos de Van Buren St. El exterior es el de la intersección entre W Van Buren St y Canal St.

MICHIGAN AVE

STREETERVILLE

GRAND AVENUE

RIVER NORTH

Navy Pier **3**

KINZIE STREET

FULTON MARKET

Río Chicago

RANDOLPH STREET

Richard J Daley Center **2**

RANDOLPH STREET

KENNEDY EXPRESSWAY

Lower Wacker Dr **1**

LOOP

La Salle St **4**

ADAMS STREET

ADAMS STREET

EISENHOWER EXPRESSWAY

Old Post Office **5**

CHICAGO

MICHIGAN AVENUE

GRANT PARK

LAKE SHORE DRIVE

HALSTED STREET

CANAL STREET

HARRISON STREET

Universidad de Illinois

SOUTH LOOP

TRILOGÍA EL CABALLERO OSCURO

Al situar a Batman y a sus enemigos en una ciudad con un aspecto y unos problemas que resultan familiares, la trilogía *El caballero oscuro* de Christopher Nolan no solo entretuvo al público, sino que le planteó preguntas.

AÑO
2005, 2008, 2012

LOCALIZACIÓN
TODO EL MUNDO

Antes que Batman, existió Bruce Wayne. ¿Cómo un huérfano aterrorizado y millonario se convierte en «el héroe que Gotham merece»? Para el director Christopher Nolan, entonces un relativo principiante, explorar el mito de Batman era una opción mucho más interesante que crear otra aventura de cómic —y afortunadamente Warner Bros. estuvo de acuerdo—.

La trilogía *El caballero oscuro*, algo atípica en el género de superhéroes, tiene más en común con los *thriller* de acción que con las películas de Spider-Man, Superman y compañía. Hay cierto realismo en el enfoque de Nolan, algo que logra en parte mediante las escenas en exteriores. El director eligió Chicago (y luego Pittsburgh) para representar a Gotham, complementando esta ciudad con algunas zonas de Londres. La arquitectura de líneas rectas y la falta de monumentos destacados de Chicago proporcionó un lienzo en blanco: sus calles eran perfectas para que las recorriera el Acróbata (el vehículo de Batman) y sus imponentes edificios, ideales para asaltar bancos y reuniones de Wayne Enterprises. En el Reino Unido se aprovechó al máximo la variada arquitectura del país. El St Pancras Renaissance Hotel y la Abbey Mills Pumping Station (una estación de bombeo de aguas residuales victoriana) de Londres se convirtieron en el manicomio Arkham, y varias casas señoriales prestaron su interior y exterior a la mansión Wayne.

El perfeccionista Nolan no tenía segundo director y supervisó cada instante de la producción, lo que, a lo largo de tres películas, le llevó no solo hasta Chicago, Pittsburgh y Reino Unido, sino por todo el mundo. *Batman Begins* incluye secuencias en el glaciar Vatnajökull de Islandia, *El caballero oscuro* viaja al International Finance Center de Hong Kong y *El caballero oscuro: La leyenda renace* pasa por la fortaleza Mehrangarh de Jodhpur, en el noroeste de India. Estos lugares, con su peculiar arquitectura

Abbey Mills Pumping Station, en East London, se convirtió en el manicomio Arkham

CON SEGURIDAD

Corrió el rumor de que cuando el Joker vuela el hospital de Gotham (una fábrica de caramelos abandonada de Chicago) el titubeo del actor Heath Ledger con el detonador fue improvisado. En realidad, la pausa estaba en el guion para permitir que Ledger se pusiera a salvo en el autobús.

y su luz natural, permitieron un uso moderado de los efectos especiales (en contraste con las posteriores películas de superhéroes). Nolan añadió templos nepalíes a las imágenes rodadas en Islandia, por ejemplo, y empleó miniaturas para conseguir las tomas que necesitaba cuando no podía filmar en escenarios reales.

Y es esta atención a los detalles lo que coloca a Gotham en el aquí y el ahora. Nolan creó una ciudad en la que el público podía imaginarse paseando, o quizás trabajando; de este modo, el arco narrativo de cada personaje adquirió credibilidad y los dilemas morales se convirtieron en tema de conversación. Cuando el Joker carga dos embarcaciones con explosivos y entrega un detonador a cada grupo de pasajeros, estamos con ellos en el barco, debatiendo qué hacer. Y cuando Bane y su banda de mercenarios derrocan a los ricos y poderosos, es inevitable preguntarse qué ocurrirá después. Gracias al esfuerzo de Nolan por mantener el realismo, la lucha de Batman por salvar Gotham merece la pena hasta el último fotograma.

Wollaton Hall en Nottinghamshire, la mansión Wayne en *El caballero oscuro: La leyenda renace*

① Wollaton Hall
Las tomas del exterior de la mansión Wayne para *El caballero oscuro: La leyenda renace* (2012) se rodaron en esta mansión tudor.

Cardington
Nolan recurrió a los cavernosos hangares de Cardington, en Bedfordshire, para la escena del avión y la guarida de Bane en *El caballero oscuro: La leyenda renace*.

③ Mentmore Towers
La desafortunada mansión Wayne de *Batman Begins* es Mentmore Towers, en Buckinghamshire. Actualmente alberga un hotel.

Osterley House
El interior de la mansión Wayne en *El caballero oscuro: La leyenda renace* se rodó en esta opulenta casa.

⑤ Londres
La Senate House aparece como juzgado en *Batman Begins* (2005) y como escenario de un baile de máscaras en *El caballero oscuro: La leyenda renace*.

Bruce Wayne prueba el Acróbata en una sala de exposiciones de ExCel London en *Batman Begins*.

El almacén destruido donde Batman se sienta abatido en *El caballero oscuro* es Battersea Power Station.

Mapa:
- Derby
- ① Wollaton Hall
- Leicester
- Peterborough
- Norwich
- Coventry
- INGLATERRA
- Milton Keynes
- Cambridge
- ② Cardington
- Ipswich
- Mentmore Towers ③
- Oxford
- St Albans
- Chelmsford
- Osterley House ④
- ⑤ Londres
- Reading
- Southend
- Canterbury
- Guildford
- Maidstone
- Dover
- Southampton
- Brighton
- Hastings

VUELCO DE CAMIÓN

Nolan usó explosivos reales, en vez de imágenes virtuales, para el vuelco del camión en *El caballero oscuro*. La carga se colocó bajo el vehículo, conducido por un especialista.

ESCENA DEL ESTADIO

Filmar la escena del estadio de *El caballero oscuro: La leyenda renace* en Heinz Field (Pittsburgh) fue complicado, con miles de aburridos extras abucheando porque el rodaje duraba demasiado.

CHRISTIAN BALE

En *El caballero oscuro*, el intérprete de Batman rodó él mismo la escena sobre la Sears Tower de Chicago, en vez de recurrir a un doble. Dijo que disfrutó cada segundo, a pesar de estar a 110 pisos de altura.

UNIVERSO DC

El Universo DC, fiel al principio a las tramas de sus cómics, se ha expandido, llevando a la gran pantalla nuevos personajes, temáticas y localizaciones repartidas por todo el mundo.

AÑO
2013–

LOCALIZACIÓN
TODO EL MUNDO

Los adjetivos que describen mejor el Universo DC son siniestro, lúgubre y oscuro. Desde las calles lluviosas de Gotham y Metrópolis en *El hombre de acero* (2013) y *Batman vs. Superman: El amanecer de la Justicia* (2016) hasta la oscuridad de Midtown en *Escuadrón suicida* (2016), existe una estética en estas películas que no se limita a la iluminación y las localizaciones. Rabia, asesinatos, enfermedades mentales, genocidio son elementos que se trasladan de los cómics a la gran pantalla, contraponiendo el Universo DC a las producciones más luminosas de Marvel *(p. 20)*. De hecho, el ambiente de *Escuadrón suicida* era tan lúgubre que el director, David Ayer, contó con un terapeuta durante el rodaje por si los actores necesitaban darse un respiro.

Podría decirse que el cambio al negro de DC comenzó en 1986, cuando la leyenda del cómic, Frank Miller, creó su influyente versión de Batman, *El regreso del caballero*

Aragon, la sala de baile de Chicago donde asesinan a los padres de Bruce Wayne en *Batman vs. Superman*

Hamilton ④
Shazam descubre que es inmune a las balas en el Busy Bee Food Mart, en Barton St East.

CANADÁ

Minneapolis

Toronto ⑤

Hamilton ④

Boston

Buffalo

Lansing ②

Milwaukee

Detroit ③

Chicago ①

Filadelfia ⑥

Pittsburgh

ESTADOS UNIDOS

St. Louis

Toronto ⑤
Las calles y edificios de Toronto se convirtieron en Midway City en *Escuadrón suicida*. La estación Union se modificó digitalmente para transformarla en la Midway City Train Terminal.

Filadelfia ⑥
Shazam disfruta de la famosa vista de *Rocky* desde los escalones del Philadelphia Museum of Art. Luego destroza un autobús mientras alardea de sus superpoderes ante unos extraños.

Chicago ①
Bruce Wayne pierde a sus padres junto a la sala de baile Aragon de Chicago en *Batman vs. Superman*.

Lansing ②
En *Batman vs. Superman*, Lex Luthor vive en el Eli and Edythe Broad Art Museum, un museo de vidrio y acero en Lansing.

Detroit ③
El «mayor combate de gladiadores de la historia» tuvo lugar en la Michigan Central Station, una estación abandonada de Detroit, en *Batman vs. Superman*.

En la misma película, los superhéroes se enfrentan por primera vez en el Russell Industrial Center.

El Hygrade Deli de Michigan Ave es el Ralli Diner, donde Martha Wayne trabaja en *Batman vs. Superman*.

oscuro. Miller transformó las coloridas escenas de puñetazos del cómic y la serie de la década de 1960 en un entorno sombrío. Y fue la interpretación de Miller la que influyó en las películas de Batman de Tim Burton *(p. 35)* y Christopher Nolan *(p. 36);* se puede trazar una línea evolutiva entre ellas que culmina en el *Batman vs. Superman* de Zack Snyder. La segunda entrega del Universo DC debe mucho al trabajo de Miller, como el aspecto corpulento del traje que lleva Ben Affleck (elaborado con un tejido de fibra de carbono para resaltar el físico del actor) y la pelea entre superhéroes, tomados directamente de las páginas del cómic. El esperado enfrentamiento entre los dos protagonistas de la película se rodó en la Michigan Central Station, una estación abandonada al oeste de Detroit. En la oscuridad y con lluvia, por supuesto.

Pero el Universo DC se ha expandido y ha dejado entrar algo la luz, complementando las imágenes generadas por ordenador con magníficas localizaciones y efectos mecánicos e introduciendo tramas y héroes más optimistas. Las películas de DC se han rodado en casi todos los rincones del planeta, desde Reino Unido, Islandia y la Europa continental hasta Norteamérica y Australia, aportando un colorido que desafía su antiguo aspecto apagado. Mientras *Batman vs. Superman* se regodeó en la oscuridad,

GOTHAM Y METRÓPOLIS

El nombre de Gotham deriva de *goat town* (ciudad de las cabras), un apodo peyorativo de Nueva York. El horizonte de Metrópolis se inspiró en Toronto, aunque la ciudad de Metrópolis, en Illinois, adoptó oficialmente el sobrenombre de «hogar de Superman» en 1972.

Sutton Scarsdale Hall

Una versión digital de esta casa solariega en ruinas se convirtió en la mansión Wayne en *Batman vs. Superman*.

Upper Heyford

La batalla final de *Wonder Woman* en el aeródromo belga se filmó en la base aérea de Upper Heyford.

Hatfield House

La Long Gallery sirvió de escenario a la fiesta del Alto Mando alemán en *Wonder Woman*. El edificio también se usó como mansión Wayne en *Batman (p. 35)*.

Tilbury Docks

Los muelles de Tilbury, en Essex, se convirtieron en la fábrica de armamento del general Ludendorff en *Wonder Woman*.

Londres

La escena de compras en Selfridges de la primera *Wonder Woman* se filmó en Australia House, en el Strand.

Wonder Woman demuestra sus habilidades en las salas del tribunal penal central, el Old Bailey, al inicio de *La Liga de la Justicia*.

Diana prueba el helado por primera vez en la estación de Paddington —en realidad, King's Cross— en *Wonder Woman*.

Bourne Wood

Diana y sus acompañantes cabalgan por este bosque en busca del Alto Mando alemán en *Wonder Woman*.

Arundel Castle

En *Wonder Woman*, el exterior del edificio que acoge la fiesta de los alemanes fue rodado en el castillo Arundel. *Doctor Who (p. 180)* también se filmó aquí en 1988.

Mapa de Inglaterra:
- Derby
- Leicester
- Peterborough
- Coventry
- INGLATERRA
- Milton Keynes
- Cambridge
- ❶ Sutton Scarsdale Hall
- ❷ Upper Heyford
- ❸ Hatfield House
- Londres ❺
- Tilbury Docks ❹
- Reading
- Bourne Wood ❻
- Guildford
- Southampton
- Arundel Castle ❼
- Brighton

Bourne Wood, el bosque que aparece en *Wonder Woman*

¡Shazam! (2019) corrió hacia la luz; *El hombre de acero* optó por la seriedad, *Wonder Woman* (2017) resultó graciosa y mientras *Escuadrón suicida* fue algo accidentado, su reencarnación *El escuadrón suicida* (2021) fue bastante más tranquilo.

Para la nueva versión de *Escuadrón suicida*, el director James Gunn limitó el uso de imágenes generadas por ordenador, empleó tantos efectos mecánicos como pudo y creó decorados —uno de los mayores proyectos de construcción en la historia de Warner Bros.—. El equipo rodó también en la soleada Panamá. El resultado es una película de acción con una paleta cromática vibrante que supuso el resurgimiento de la franquicia.

![La ciudad italiana de Matera formó parte de Themyscira]

La ciudad italiana de Matera formó parte de Themyscira

El acercamiento de DC al rodaje en exteriores resulta especialmente evidente en la magistral *Wonder Woman*, cuya sinergia casi perfecta entre temática y escenario impulsa la narración. Las localidades italianas de Matera —visitadas también por James Bond en *Sin tiempo para morir (p. 190)*—, Ravello y Palinuro, las dos últimas en la costa de Amalfi, representan el mítico reino de Themyscira. Las soleadas escenas con las que comienza la película contrastan con los oscuros y desolados paisajes de la Europa en guerra por los que la princesa Diana viaja después. Teniendo en cuenta el cambio de tono en las películas de DC, resulta curioso que uno de los

mayores retos logísticos a los que se enfrentó el director de fotografía durante el rodaje de la batalla entre amazonas y alemanes fuera mantener unos niveles de luz constantes durante dos semanas de cambiante meteorología.

El clímax de *Wonder Woman* llega cuando la cálida luz del amanecer rompe la absoluta oscuridad del cielo, lo que significa el fin de la guerra y de la lucha interna de Diana. En ese momento descubre cómo abrir paso a la luz, algo que la película, y el propio Universo Extendido de DC, también logró. Y con los nuevos estrenos programados, DC podría estar listo para robarle el protagonismo a Marvel de una vez por todas.

¿LO SABÍAS?

CLASIFICACIÓN R

La versión del director de *Batman vs. Superman* era tan cruel que fue la primera película de los superhéroes clasificada como R (restringida) por la Motion Picture Association of America.

BAHÍA DE LA AMNISTÍA

La ciudad de Aquaman en Maine, que aparece por primera vez en *La Liga de la Justicia* (2017), se rodó en la aldea islandesa de Djúpavík.

PATINAJE SOBRE RUEDAS

El rodaje de la escena sobre patines de *Aves de presa* fue sorprendentemente fácil debido, en parte, al entrenamiento de Margot Robbie para su papel en *Yo, Tonya* (2017).

BOURNE WOOD

Este bosque escondido en Surrey, Inglaterra, se ha convertido en una destacada localización cinematográfica desde que se rodaron aquí en él algunas escenas de la exitosa *Gladiator*.

Amantes de la naturaleza y cineastas acuden al bosque de Bourne atraídos por sus senderos arbolados y sus amplias vistas. Es un lugar recóndito, con una belleza salvaje que lo convierte en un telón de fondo idóneo para recrear épocas pasadas. Desde 1999 ha servido de marco a más de una película, transportando al público tanto a la Inglaterra medieval como a la antigua Germania.

El género de superhéroes también lo ha aprovechado. Sus imponentes árboles aparecieron en una de las primeras películas de Marvel, *Capitán América: El primer vengador* (2011), seguida por *Thor: El mundo oscuro* (2013) y *Vengadores: La era de Ultrón* (2015). Y como la zona no debe lealtad a ninguna franquicia, en 2017 se convirtió en un bosque belga para la *Wonder Woman* de DC.

A pesar de su popularidad, la concesión de permisos para filmar en el bosque se suspendió un tiempo por cuestiones de sostenibilidad. No obstante, los rodajes se han retomado ya, de modo que no pasará mucho tiempo antes de que sus verdes paisajes aparezcan de nuevo en pantalla.

GLADIATOR (2000) ▶

El inicio de la epopeya de Ridley Scott —una batalla entre tribus germánicas y la legión romana— se rodó en el bosque. Los incendios son reales, ya que las autoridades habían planeado aclarar parte de la zona *(p. 201)*.

CAPITÁN AMÉRICA: EL PRIMER VENGADOR (2011)
El heroico Capitán América partió hacia su primera misión desde una base militar situada en el bosque, donde regresó tras rescatar a Bucky y los demás soldados.

ROBIN HOOD (2010) ▶

Ridley Scott volvió al bosque para el rodaje de esta famosa historia. Aquí filmó el asedio del castillo de Châlus, para el que se usó un decorado construido por el equipo de producción.

WONDER WOMAN (2017)

La heroína de la película y sus compañeros planean colarse en una fiesta del Alto Mando alemán, para lo que atraviesan el bosque (en este caso belga) antes de entrar al castillo (p. 42).

2

MUNDOS FANTÁSTICOS

Los relatos fantásticos nos permiten escapar de las obligaciones del día a día y sobrevolar las arenas de un desierto a lomos de un dragón, luchar contra malvadas criaturas en tenebrosos claros de bosque, o incluso colarnos por una brecha en el tiempo y explorar nuestro planeta. Sin estas historias de monstruos y magia, ¿parecería el mundo real menos colorido?

La fantasía, aunque sea escapista, debe resultar convincente. Las películas fantásticas más hipnóticas construyen sus elaborados mundos a través de una meticulosa selección de escenarios, consiguiendo que incluso las localizaciones más conocidas parezcan encantadas. Tejen su hechizo en torno a lugares reales tan impresionantes y antiguos, tan fantásticos y extraños, que sería lógico pensar que han sido creados a partir de imágenes de tierras lejanas.

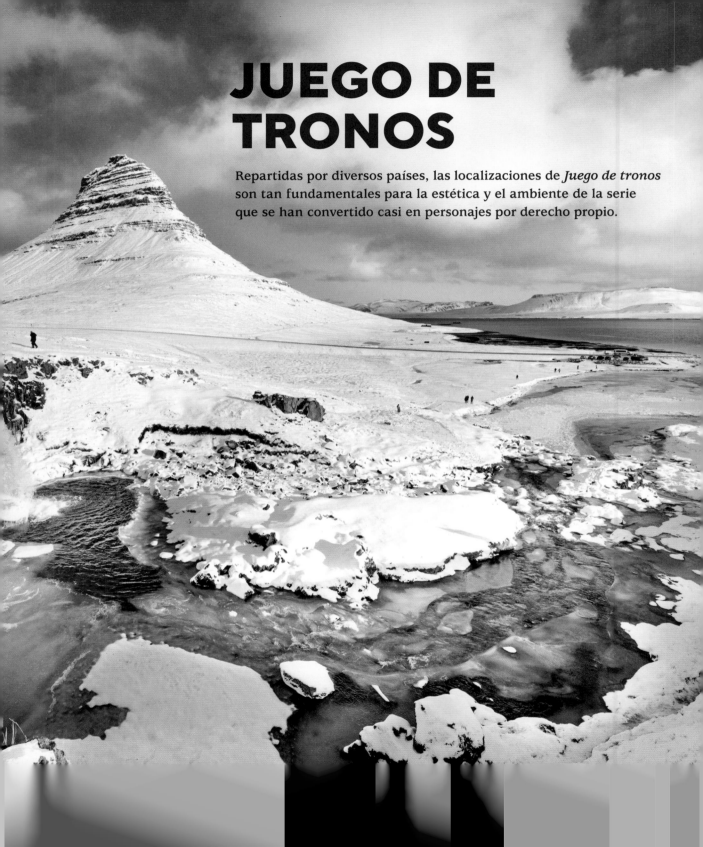

JUEGO DE TRONOS

Repartidas por diversos países, las localizaciones de *Juego de tronos* son tan fundamentales para la estética y el ambiente de la serie que se han convertido casi en personajes por derecho propio.

AÑO
2011–2019

LOCALIZACIÓN
ISLANDIA, CROACIA,
IRLANDA DEL NORTE,
ESPAÑA

George R. R. Martin —cuya saga *Canción de hielo y fuego* se adaptó para la serie de televisión— afirmó que sería imposible filmar su obra maestra, repleta de batallas y en constante crecimiento. Por suerte, se equivocó. El enorme éxito de la serie es el resultado de una elaborada e intensa narración; del uso de imágenes generadas por ordenador; y, por supuesto, de una incalculable cantidad de sangre, sudor y lágrimas. Pero los fans no habrían creído tan profundamente en la solidez de este nuevo mundo, extraño pero familiar, de no ser por las verdaderas estrellas de la serie: las localizaciones. Cada uno de los cuatro lugares de grabación principales —Islandia, Croacia, España e Irlanda del Norte— capturó y transmitió algo esencial de los continentes de Poniente y Essos. Las grandes extensiones heladas de Islandia proporcionaron el lienzo perfecto para el vacío territorio al norte del Muro. La histórica Croacia resultó idónea para la peligrosa ciudad de Desembarco del Rey. España insufló vida y brillo a las ciudades de Altojardín y Meereen. Y las abruptas costas de Irlanda del Norte resultaron el hogar

① Grjótagjá
Esta pequeña cueva de lava, famosa por su manantial geotérmico, sirvió de escondite a Ygritte y Jon Nieve en la temporada 3. Jon rompe aquí su juramento con la Guardia de la Noche en el episodio 5.

② Svínafellsjökull
Los glaciares Gígjökull, Vatnajökull y el enorme Svínafellsjökull se convirtieron en las heladas tierras del norte.

⑤ Kirkjufell
El Kirkjufell tenía el perfil idóneo para convertirse en el pico Punta de Flecha, un siniestro lugar más allá del Muro.

④ Skógafoss
Jon lleva a Daenerys a la cascada Skógafoss cuando recorren el norte sobre unos dragones. Se añadió un segundo salto digitalmente.

③ Þjóðveldisbærinn Stöng
La granja vikinga que se ha recreado en el valle Þjórsárdalur fue arrasada en la temporada 4 por los salvajes; solo dejaron con vida a un muchacho para enviar un mensaje al castillo Negro.

ISLANDIA

Húsavík
Hólmavík
Akureyri
Blönduós
① Grjótagjá
⑤ Kirkjufell
Egilsstaðir
Reyðarfjöður
③
Langjökull
Vatnajökull
Borgarnes
③ Þjóðveldisbærinn Stöng
Svínafellsjökull
②
Reykjavík
Skaftafell
Selfoss
Hvolsvöllur
④ Skógafoss

SONIDOS DE DRAGONES

Para conseguir los rugidos de un dragón de hielo, la diseñadora de sonido Paula Fairfield utilizó las voces de unos fans de *Juego de tronos* borrachos.

PIELES BARATAS

Las pieles que llevaba la Guardia de la Noche eran alfombras de IKEA.

TRONO DE HIERRO

Cuando la difunta reina Isabel II visitó el set, se negó a ocupar el Trono de Hierro. Una antigua tradición británica establece que un monarca no puede sentarse en el trono de otro Estado o país.

adecuado para los Stark de Invernalia. Hay quienes afirmarían que los localizadores de exteriores hicieron su trabajo tan bien que resulta imposible imaginar estos entornos fantásticos en ningún otro lugar.

A partir de la temporada 2, Desembarco del Rey se filmó en Dubrovnik (Croacia). Antes de *Juego de tronos*, esta ciudad amurallada era famosa por su combinación de influencias bizantinas y venecianas y su casco medieval bien conservado. Ahora, los visitantes suelen mostrar más interés por el recorrido del paseo de la vergüenza de Cersei Lannister que por la historia del comercio marítimo en la ciudad. Los decorados de la serie han desaparecido, pero la robusta muralla medieval y las antiguas calles siguen recordando al reino de los Lannister. El

Parque Gradac
⑧

La torre Minčeta o Casa de los Eternos, ubicada en la famosa muralla de Dubrovnik

DUBROVNIK

① Torre Minčeta
② Hotel Belvedere 2,5 km
③ Muralla de Dubrovnik
④ Palacio del Rector
⑤ Escalera de los Jesuitas
⑥ Museo Etnográfico
⑦ Fortaleza Lovrijenac

Antiguo puerto

espíritu de Dubrovnik, sin embargo, es muy diferente al de esta familia. Al oeste de la ciudad, en la fortaleza Lovrijenac —convertida en la fortaleza Roja, hogar de los Lannister—, hay una inscripción grabada en un muro: «La libertad no se vende ni por todo el oro del mundo». Ojalá ciertos personajes de *Juego de tronos* hubieran adoptado esta máxima.

Una producción de la escala de *Juego de tronos* requiere naturalmente una logística propia de una campaña militar. Solo en Irlanda del Norte se contrataron 12 986 extras. Y las estadísticas más allá de las personas en pantalla son igual de abrumadoras. A lo largo de las ocho temporadas de la serie, el equipo de producción utilizó 15 000 litros de sangre artificial, 20 900 velas, unos 20 millones de tornillos y clavos y 52 000 sacos de nieve de papel.

A pesar del ritmo vertiginoso con el que se montaban los decorados, la miríada de elementos en movimiento y la gran producción, hubo muy pocos accidentes, y la mayoría relacionados con las condiciones meteorológicas. Sería lógico pensar que dichos roces con la muerte se

① **Torre Minčeta**
Daenerys busca desesperadamente sus dragones robados en la Casa de los Eternos de Qarth (la imponente torre Minčeta).

② **Hotel Belvedere**
La pelea con desenlace fatal entre la Montaña y el príncipe Martell se desarrolla en el patio tipo anfiteatro de este hotel abandonado.

③

Muralla de Dubrovnik
El reparto pasó horas caminando y conspirando en esta muralla del siglo XIII a lo largo de varios episodios.

④ **Palacio del Rector**
Daenerys solicita barcos al rey de las Especias en la escalinata del atrio de este palacio gótico.

⑤ **Escalera de los Jesuitas**
En la temporada 5, Cersei Lannister se enfrenta a su paseo de la vergüenza en esta escalera barroca.

⑥ **Museo Etnográfico**
Ubicado en un amplio granero del siglo XVI, este museo se convirtió en el burdel de Meñique.

⑦ **Fortaleza Lovrijenac**
Desde un afloramiento rocoso, esta construcción (con algún añadido digital) hizo de fortaleza Roja, hogar de los Lannister.

⑧

Parque Gradac
La Boda Púrpura y el posterior envenenamiento del rey Joffrey se desarrollaron en este tranquilo parque.

produjeron en la gélida Islandia o la calurosa Éspaña, pero en realidad fue Irlanda del Norte la que causó dos de los mayores sustos. En 2011 los restos del huracán Katia azotaron la costa próxima a Ballintoy, cuyo puerto representa las Islas del Hierro. Tras levantar enormes olas, penetró hacia el interior y destrozó la carpa en la que se refugiaba parte del personal y de los extras. A pesar de la conmoción, solo hubo cinco heridos, y ninguno de gravedad.

La naturaleza subió su apuesta en la temporada 6, cuando parte de la cantera de Magheramorne que albergaba el set del castillo Negro empezó a desmoronarse, provocando un desprendimiento de rocas (algunas, según un testigo, del tamaño de edificios londinenses). Afortunadamente, nadie salió herido. El Muro junto al castillo Negro permaneció

Los bellos Dark Hedges en Irlanda del Norte

en pie, al menos hasta que el dragón de hielo Viserion lo destruyó.

No obstante, la seguridad en el set no fue la única a tener en cuenta. A medida que aumentaba la popularidad de la serie, evitar las filtraciones se convirtió en un trabajo a jornada completa. Los extras que trabajaban en el rodaje debían firmar un estricto contrato de confidencialidad, y no cumplirlo suponía sanciones económicas. En ocasiones, el uso de mamparas y la vigilancia perimetral no resultaban suficientes para impedir que los fans invadieran el escenario —sobre todo cuando los más entusiastas empezaron a usar drones—. El equipo de producción se vio finalmente obligado a iniciar una guerra contra los *spoilers,* empleando dispositivos especiales para abatir drones en vuelo.

Pero ya no hace falta preocuparse por todo esto. Ahora que la guardia (de *Juego de tronos*) ha terminado, el secretismo en torno a las localizaciones de la serie ha desaparecido y Poniente —cada uno de sus bellos rincones— puede visitarse sin problema.

①

Ballintoy Harbour
Este pequeño puerto y las ensenadas y playas circundantes fueron el puerto de Pyke en las Islas del Hierro.

② **The Dark Hedges**
Arya avanza disfrazada bajo las hayas que bordean el Camino del Rey en el primer episodio de la temporada 2.

③

Cushendun Caves
En la temporada 2, Melisandre da a luz a una sombra asesina en este lugar.

④ **Castle Ward**
Este castillo del siglo XVIII se utilizó para varios escenarios, pero sobre todo como hogar de los Stark en Invernalia.

Ballintoy Harbour
①
Ballycastle

The Dark Hedges ②

Coleraine

③ Cushendun Caves

Ballymoney

Maghera

Ballymena

Larne

IRLANDA DEL NORTE

Antrim

Lough Neagh

Bangor

Dungannon

Belfast

Lisburn

Portadown

Banbridge

Castle Ward ④

Armagh

Newry

Game of Thrones Studio Tour ⑤

IRLANDA

FRANCIA

A Coruña
Santander
Gaztelugatxe ⑥
Bilbao
Bayonne
Toulouse
León
Pamplona
Perpignan
Oporto
Valladolid
Zaragoza
Girona ⑦
Barcelona
Salamanca
ESPAÑA
Madrid
⑨ Castillo de Zafra
PORTUGAL
Cuenca
⑧ Peñíscola
Cáceres
⑭ Alcazaba de Trujillo
Valencia
Ciudad Real
Itálica ⑬
⑪ Castillo de Almodóvar
Cartagena
⑫ Sevilla
Tabernas ⑩
Málaga
Almería

LA CASA DEL DRAGÓN

La precuela de *Juego de tronos* —centrada en el turbulento reinado de la casa Targaryen— se rodó principalmente en Reino Unido y España.

ST MICHAEL'S MOUNT

Esta isla y su castillo, situado en Cornwall (Reino Unido), s convirtieron en Marea Alta, fortaleza de la Casa Velaryor en Marcaderiva. Rhaenyra Targaryen y el rey Viserys la visitan para conocer a un posible pretendiente.

- - - - - - - - - - - - -

CÁCERES

Esta ciudad, declarada patrimonio de la humanidad por la Unesco, era idónea pa un Desembarco del Rey más antiguo. También se rodaron exteriores en la cercana Trujil (Roca Casterly en *Juego de tronos*).

- - - - - - - - - - - - -

CASTILLO DE LA CALAHORRA

Este castillo granadino del siglo XIV representa a Pento hogar de la Casa Targaryen Se cree que el edificio se utili como prisión durante el periodo de la Reconquista española.

Game of Thrones Studio Tour

Esta popular exposición ncluye recreaciones de sets, atrezo y vestuario de a serie.

Gaztelugatxe

La escalera que conduce l islote donde se alza el castillo de Rocadragón (añadido digitalmente) serpentea por el golfo de Vizcaya.

Girona

Arya entrena con los Hombres sin Rostro en Braavos, en la antigua ciudad de Girona. Su catedral aparece más adelante como el Gran Septo de Baelor en Desembarco del Rey.

⑧ Peñíscola

La histórica ciudad costera de Peñíscola fue Meereen en la temporada 6.

⑨

Castillo de Zafra

Este castillo sobre un promontorio rocoso en Guadalajara se convirtió en la torre de la Alegría, cuna de Jon Snow.

⑩ Tabernas

Daenerys atraviesa este desierto junto a los dothraki en la temporada 6. La cercana Pechina se convirtió en Vaes Dothrak, la capital dothraki.

⑪ Castillo de Almodóvar

Este hermoso castillo es Altojardín, el hogar de Olenna Tyrell.

⑫ Sevilla

El Real Alcázar de Sevilla se convirtió en el palacio de la Casa Martell de Dorne.

⑬ Itálica

Las ruinas romanas de Itálica, en Santiponce, aparecen como Pozo Dragón en dos ocasiones: cuando Cersei y Daenerys se reúnen y cuando Jon Snow es sentenciado.

⑭

Alcazaba de Trujillo

Este recinto amurallado árabe en Cáceres fue Roca Casterly, la fortaleza de Tywin Lannister. El ejército de los Inmaculados de Daenerys lo ataca en el tercer episodio de la temporada 7.

OUTLANDER

Esta serie repleta de aventuras, adaptación de las exitosas novelas de Diana Gabaldon, se sirve del abrupto paisaje de Escocia para lograr un efecto impresionante, reviviendo el pasado del país en lugares reales e imaginarios.

AÑO
2014–

LOCALIZACIÓN
ESCOCIA

En el escenario internacional, Escocia no siempre ha sido la protagonista de sus propios filmes; un ejemplo es la película histórica *Braveheart,* que se rodó en Irlanda. Afortunadamente, la serie *Outlander* ha restablecido el equilibrio optando por los paisajes y lagos de las Tierras Altas escocesas para su romance de época.

Las aventuras a través del tiempo de *Outlander* comienzan en 1945, cuando la enfermera Claire Randall retrocede hasta 1743, donde se enamora del rebelde Jamie Fraser. La primera temporada relata las peripecias de la pareja en la Escocia jacobita, resaltando el maravilloso paisaje del país, desde las colinas que rodean Kinloch Rannoch (donde se encuentra el círculo de piedras) hasta Blackness Castle, la fortaleza del cruel Black Jack Randall.

Más adelante, en las siguientes temporadas, el protagonismo se traslada a Francia y a Estados Unidos. El puerto de Dysart, en la región de Fife, se convierte en la ciudad portuaria de Le Havre; Hopetoun House en West Lothian reemplaza a las calles de París; y los jardines de Drummond Castle en Perthshire representan a Versalles. En cuanto al asentamiento de Claire y Jamie en Carolina del Norte, se filmó en el bosque de Doune. Algunas escenas se rodaron fuera de Escocia —Praga y Ciudad del Cabo aparecen en la temporada 2—, pero la producción de la serie se realizó en su mayoría en los Wardpark Film & Television Studios de Cumbernauld, en el centro del país.

Los vastos lagos y las casas solariegas de Escocia son la base de la trama de la serie. Y gracias al pequeño tamaño del territorio escocés es fácil realizar una peregrinación por las localizaciones de

Blackness Castle, donde
Black Jack Randall
encarcela a Jamie

Outlander —algo que ya han hecho muchos fans—. El denominado efecto Outlander (turismo cinematográfico impulsado por la serie) ha aumentado la afluencia de turistas, siendo los estadounidenses los más numerosos entre los extranjeros. De hecho, el público estadounidense ha acogido *Outlander* con tanto entusiasmo que la organización National Trust for Scotland's Foundation USA recibe cientos de miles de dólares donados por fans para asegurar la conservación de las propiedades que aparecen en la serie. Tal es la fuerza del efecto Outlander que, en 2014, el entonces primer ministro británico David Cameron solicitó al parecer a la ejecutiva de Sony que retrasara el ansiado estreno de Outlander en el Reino Unido, temiendo que el debut de la serie pudiera interferir en el inminente referéndum sobre la independencia escocesa. No está mal para una saga romántica.

Kinloch Rannoch

Craigh na Dun, el círculo de piedras usado por Claire, se rodó en los alrededores de Kinloch Rannoch. Los monolitos no existen en realidad.

Doune Castle

El castillo de Doune fue el castillo de Leoch. Anteriormente había aparecido en *Los caballeros de la mesa cuadrada*.

Aberdour Castle

Claire y Murtagh llevan a Jamie a un monasterio benedictino, el castillo de Aberdour en la serie, tras su calvario en prisión.

Blackness Castle

Esta fortaleza costera sirve de cuartel general a Black Jack Randall. Claire y Jamie escapan del lugar saltando al mar.

Pollok Country Park

Las tierras del castillo de Leoch se rodaron en Pollok Country Park, un parque a las afueras de Glasgow que también aparece como la campiña francesa en algunas escenas de la temporada 2.

Linlithgow Palace

Jamie fue encarcelado y sentenciado a morir ahorcado en la prisión de Wentworth, en realidad el palacio de Linlithgow.

Hopetoun House

La hacienda Hawkins, casa señorial del duque de Sandringham, se filmó en la mansión Hopetoun.

Map labels: Loch Ness, Aviemore, Aberdeen, Montes Grampianos, Balmoral, Stonehaven, Fort William, Kinloch Rannoch ①, Pitlochry, ESCOCIA, Dundee, Crianlarich, Perth, St Andrews, Inveraray, Doune Castle ②, Stirling, Aberdour Castle ③, Blackness Castle ④, ⑥, ⑤ Edimburgo, Glasgow, Linlithgow Palace, Hopetoun House, Pollok Country Park ⑦, Irvine, Peebles, Selkirk, Ayr, Jedburgh, Dumfries, Carlisle, INGLATERRA

ARRIBA Y ABAJO

Desde las típicas casas señoriales en el Reino Unido hasta los castillos en Japón, los edificios históricos recuperan con frecuencia su antigua pompa y elegancia en pantalla.

VERSALLES, FRANCIA

Las escenas rodadas en el palacio de Versalles ofrecen siempre un aspecto opulento, como en *Medianoche en París* (2011) y *María Antonieta* (2006). Pero filmar en el interior de este monumento es caro e implica acatar unas normas estrictas. Por ejemplo, *María Antonieta* tuvo que rodarse por la noche y el equipo no pudo hacer uso del mobiliario.

HIGHCLERE CASTLE, INGLATERRA

Esta mansión británica es conocida sobre todo como residencia de la familia Crawley en *Downton Abbey* (2010-2015). Aunque los cinéfilos no tardarán en añadir que fue también donde Stanley Kubrick rodó una de las escenas más íntimas de *Eyes Wide Shut* (1999).

CASTILLO DE OSAKA, JAPÓN

Aunque tenga casi 60 m de altura, este castillo del siglo XVI suele parecer más pequeño en pantalla. Tal vez sea por las numerosas películas de *kaijus* que se han rodado en él, con los gigantescos monstruos del género peleando a su alrededor, como en *Godzilla contraataca* (1955). En esta secuela se utilizó una maqueta para filmar la destrucción del castillo.

CASTLE HOWARD, INGLATERRA

Esta fastuosa mansión de North Yorkshire ha aportado un ambiente auténticamente aristocrático a proyectos tan variados como *Retorno a Brideshead* (en las versiones de 1981 y 2008), la serie dramática *Bridgerton* (2019-) y *Garfield 2* (2006). Al igual que en Versalles, rodar en este edificio conlleva ciertas restricciones, para proteger sus delicadas obras de arte.

DOVER CASTLE, INGLATERRA

Hay pocas películas recientes en las que no aparezca este impresionante castillo medieval en un momento u otro. Una de las escenas más emocionantes que se han rodado aquí puede verse en *Vengadores: La era de Ultrón* (2015), en la que se convierte en la sede de Hydra.

CASTILLO NEUSCHWANSTEIN, ALEMANIA

Este pintoresco castillo alemán aparece en varios clásicos —sus atractivas torres pueden verse en *La gran evasión* (1963) y *Chitty Chitty Bang Bang* (1968)—. Al parecer, sirvió también de inspiración para el castillo de *La bella durmiente* (1959) de Walt Disney.

1 La galería de los Espejos en el palacio de Versalles

2 Highclere Castle, residencia de la ficticia familia Crawley

3 Castillo de Osaka, una reconstrucción del siglo XX de un edificio del siglo XVI

4 Escena en Castle Howard de la versión de 1981 de *Retorno a Brideshead*

5 Dover Castle, sede de Hydra

6 Neuschwanstein, un castillo de cuento

1

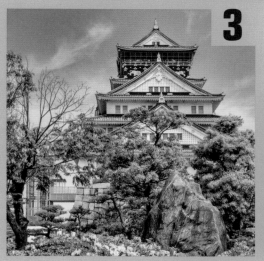

2

3

4

5

6

LA PRINCESA PROMETIDA

Las románticas campiñas de Inglaterra e Irlanda proporcionan un pintoresco telón de fondo a esta historia de amor con moraleja, basada en una novela clásica.

AÑO
1987

LOCALIZACIÓN
INGLATERRA, IRLANDA

Para adaptar la novela *La princesa prometida*, de William Goldman, el director Rob Reiner (gran fan del libro) acudió a la campiña inglesa. Aquí encontró paisajes que parecían haber cambiado poco desde la Edad Media (época en la que se desarrolla el relato), sobre todo en Derbyshire, que tenía todas las colinas y valles que había imaginado para el país de Florin.

Gran parte del rodaje se realizó en Inglaterra, aunque también aparecen los acantilados de Moher, en Irlanda, como los acantilados de la Locura. Es aquí donde tiene lugar el emocionante duelo a espada —la mayoría del combate se filmó en un plató de Shepperton Studios—. Cary Elwes (Westley) y Mandy Patinkin (Íñigo Montoya) practicaron durante meses para la escena, batiéndose siempre que tenían tiempo libre. Puede que Elwes fuera hábil con la espada, pero tuvo menos suerte en otros aspectos. Se rompió el dedo gordo de un pie montando en el quad de André el Gigante y se lo ocultó a Reiner (en la película se percibe su cojera). También fue noqueado —accidentalmente— por su compañero Christopher Guest durante la escena del secuestro en el bosque.

Pero no es necesario arriesgar la vida ni acabar cojeando para experimentar el relato de Reiner. Basta con susurrar al viento «como desees» mientras se recorre Derbyshire y dejar que la imaginación se encargue del resto.

❶ Cave Dale
Tras una discusión, Buttercup empuja al cruel pirata Roberts por la ladera de este valle y descubre que es en realidad su querido Westley.

❷ Haddon Hall
Las escenas de Florin se rodaron en esta casa solariega, una localización habitual en las adaptaciones de Jane Austen.

Castleton

Cave Dale ❶ · Hathersage

· Bradwell

Dronfield ·

DERBYSHIRE

❸ (Robin Hood's Stride)

· Buxton

Río Derwent · Baslow

Bakewell

Lathkill Dale ❹

❷ Haddon Hall

Río Dove

Robin Hood's Stride ❸

· Darley Dale

· Matlock

❹ Lathkill Dale
La batalla de Ingenio, en la que Westley engaña al malvado Vizzini, se filmó aquí.

Robin Hood's Stride
Esta zona salpicada de rocas fue el escenario de la batalla entre Fezzik y Westley.

THE WITCHER

El mundo repleto de monstruos de *The Witcher* se coló en los impresionantes castillos y paisajes naturales de Europa, aunque para dar vida a esta emocionante serie fue necesaria una buena cantidad de efectos visuales.

AÑO
2019–

LOCALIZACIÓN
TODO EL MUNDO

La estética de *The Witcher* es obra, en su mayoría, del equipo de efectos visuales de la serie, aunque debe mucho también a los castillos centroeuropeos.

La primera temporada se rodó principalmente en Hungría y en las islas Canarias; sin embargo, fue el imponente castillo Ogrodzieniec, en Polonia, el que sirvió de telón de fondo a la crucial batalla de la colina Sodden. Se emplearon imágenes generadas por ordenador para añadir un abismo y un puente sobre las aldeas circundantes y aumentar así la sensación de angustia, pero el castillo resulta tan espectacular en la vida real como en pantalla. En el resto de Europa, el impresionante castillo Kreuzenstein, en Austria, fue envejecido digitalmente para convertirse en la fortaleza abandonada de Temeria. No obstante, no siempre fue necesario el uso de imágenes digitales. Para transformar el patio interior del castillo Vajdahunyad de Budapest, construido en 1896 pero con un aspecto medieval, el equipo de producción solo empleó algo de vegetación, atrezo e iluminación adicional.

Las islas Canarias también desempeñaron un papel clave en la primera temporada de *The Witcher*, en especial Gran Canaria. En el episodio 4 aparecen las dunas de Maspalomas cuando Yennefer y la reina Kalis de Lyria huyen de un asesino a través de varios portales. En el mismo episodio, Yennefer acaba en las

Las ruinas del castillo Ogrodzieniec, en Polonia, escenario de la batalla de la colina Sodden

arenas negras de la playa de Guayedra, en el norte de la isla.

Aunque la mayor parte de la segunda temporada se rodó en el Reino Unido, la tercera regresó a localizaciones internacionales, con escenas filmadas en Croacia, Eslovenia y Marruecos. Puede que *The Witcher* haya necesitado una dosis de magia tecnológica para materializar el mundo de Geralt de Rivia, pero no resulta difícil imaginar estos escenarios reales llenos de mutantes y monstruos.

EL SEÑOR DE LOS ANILLOS

La comarca de los hobbits, el bosque de los elfos y las llanuras cubiertas de ceniza de Mordor ya existían en Nueva Zelanda. Lo único que tuvo que hacer el director Peter Jackson fue darles vida.

AÑOS
2001, 2002, 2003

LOCALIZACIÓN
NUEVA ZELANDA

El cónico monte Ngāuruhoe (o monte del Destino), Tongariro National Park

El director Peter Jackson no tuvo que buscar muy lejos para encontrar las localizaciones de la trilogía de *El señor de los anillos*. Su Nueva Zelanda natal lo tenía todo. Las verdes colinas resultaban el hogar perfecto para los pequeños hobbits; las montañas nevadas se elevaban sobre el paisaje como el monte del Destino; las vastas llanuras proporcionaban un telón de fondo idóneo para las épicas batallas, y los musgosos bosques parecían ya habitados por elfos. En las dos islas neozelandesas, Jackson halló más de 150 escenarios para desarrollar el fin de la Tercera Edad de la Tierra Media, y posteriormente su precuela, *El hobbit*.

La realización de la película fue bastante más larga que el viaje de Frodo y Sam hasta Mordor, pero todo empezó en el mismo lugar: la Comarca. El equipo de producción comenzó en 1999 a crear

DESCUBRIENDO NUEVA ZELANDA

La saga de Peter Jackson impulsó la industria turística de Nueva Zelanda. Según la oficina de turismo nacional, casi uno de cada cinco visitantes había descubierto este increíble país a través de *El señor de los anillos*.

esta idílica región en una granja de ovejas de Waikato, en la isla Norte (hoy el Hobbiton™ Movie Set). Desde aquí, Jackson y su equipo viajaron a lo largo y ancho de Nueva Zelanda, filmando en algunos

La casa de Samsagaz Gamyi, con buzón incluido, en el popular Hobbiton™ Movie Set

de los paisajes más increíbles del país. En la primera escena que se rodó, los hobbits se esconden de los nazgûl en el bosque del monte Victoria, alrededor de Wellington; al norte de aquí, el Kaitoke Regional Park se convirtió en el refugio élfico de Rivendel. En la isla Sur, el boscoso reino de Lothlórien se materializó en un lugar con un nombre muy apropiado: Paradise (p. 64).

Gracias a la exuberante naturaleza de Nueva Zelanda, Jackson necesitó aplicar menos retoques de lo que podría imaginarse para recrear la Tierra Media de Tolkien. La Putangirua Pinnacles Scenic Reserve, por ejemplo, ofrece un aspecto tan inquietante como cuando Aragorn, Legolas y Gimli invocan al ejército de los Muertos. Por su parte, el monte sagrado Ngāuruhoe, que fue el volcán más activo del país, tiene una forma perfectamente cónica, como el monte del Destino.

PETER JACKSON EN NUEVA ZELANDA

El lugar de nacimiento del director aparece en varias de sus películas.

BRAINDEAD
(1992)

Esta comedia de zombis es una película de culto entre los aficionados al gore. Se rodaron escenas en el zoo de Wellington y los Putangirua Pinnacles.

- - - - - - - - - - - - - - - - - - - -

KING KONG
(2005)

Lyall Bay, en Wellington, fue la isla Calavera en esta película, para la que se construyó un gran set en la cercana Shelly Bay. Viggo Mortensen aprendió a surfear aquí, mientras interpretaba a Aragorn en *El señor de los anillos*.

- - - - - - - - - - - - - - - - - - - -

EL HOBBIT
(2012)

Nueva Zelanda protagoniza la saga de *El hobbit*. La huida de Bilbo sobre un águila tiene lugar en el Fiordland National Park, y la Ciudad del Lago se ubicó en el lago Pukaki.

El impresionante cañón del río Kawarau, al que se añadieron los pilares de los Reyes

No obstante, la magnitud de la producción de Jackson obligó a construir algunos escenarios. La ciudad de Edoras se levantó en el escarpado monte Sunday y la batalla del abismo de Helm se desarrolló en un escenario en la cantera de Dry Creek, transformado más adelante en la ciudad de Minas Tirith. Para crear lugares como Rivendel se usaron enormes maquetas fabricadas por la compañía de efectos especiales neozelandesa Wētā Workshop.

Jackson contrató a muchos compatriotas para sus películas. Al fin y al cabo, su descomunal proyecto requería de miles de personas para los ejércitos que aparecen en pantalla. Para la batalla del abismo de Helm, un gran número de extras se convirtieron en uruk-hai; tras 120 días (bueno, en su mayoría noches) de rodaje bajo la lluvia, todos recibieron una camiseta con la frase «Yo sobreviví al abismo de Helm». Para los alaridos de los uruk-hai, el equipo de producción grabó el clamor de 250.000 aficionados al críquet en un estadio local. También se solicitó ayuda al ejército neozelandés, que participó en la construcción de la Comarca y como extras en la batalla de la Puerta Negra (rodada en el desierto de Rangipo).

Los datos sobre la producción de Jackson resultan, como poco, impresionantes, pero lo que queda al final son las maravillosas localizaciones. Al regresar a Nueva Zelanda para filmar *El hobbit*, el director añadió aún más destinos en el país a la lista de viaje de los cinéfilos. Muchos de ellos se conservan casi iguales, como soñados por el propio Tolkien.

⑨ Cañón del río Kawarau

Las enormes estatuas de piedra de Isildur y su padre Elendil, conocidas como los pilares de los Reyes, se añadieron digitalmente a las paredes del cañón.

⑧ Monte Sunday

Edoras, capital de Rohan, se construyó en el monte Sunday, un afloramiento rocoso entre montañas. La ciudad ha desaparecido, pero el paisaje sigue igual.

⑦ Monte Owen

La Comunidad —sin Gandalf— huye a esta montaña tras escapar de las minas de Moria.

① Hobbiton™ Movie Set

Parte de la bonita Comarca se desmanteló tras la conclusión de *El señor de los anillos*. Se reconstruyó y amplió para la saga de *El hobbit* y ahora es un popular destino turístico en la isla Norte.

② Monte Ngāuruhoe

Este bello monte simétrico, situado en el Tongariro National Park, es el monte del Destino. Se trata de un lugar sagrado, por lo que no conviene ascenderlo.

③ Cascadas Tawhai y Mangawhero

En dos cascadas próximas a la base del monte Ngāuruhoe se filmó la captura de Gollum a manos de Faramir para *Las dos torres*.

④ Kaitoke Regional Park

Este maravilloso parque se convirtió en el refugio élfico de Rivendel. Se ha construido una réplica de la puerta y hay carteles que indican dónde se rodaron escenas.

⑤ Weta Cave

Este museo gratuito incluye recuerdos de las películas y réplicas de atrezo de Weta Workshop, la empresa responsable de muchos de los efectos especiales y maquetas de la saga.

⑥ Putangirua Pinnacles

Estas formaciones rocosas fueron el temido camino a Dimholt, que recorrieron Aragorn, Gimli y Legolas para despertar al ejército de los Muertos.

Mapa

Te Kao
Kaitaia
Whangarei
Warkworth
Auckland
Pokeno
Hamilton
Tauranga
① Hobbiton™ Movie Set
Rotorua
Opotiki
Isla Norte
Taupo
New Plymouth
Monte Ngāuruhoe ②
Turangi
Cascadas Tawhai y Mangawhero ③
Gisborne
Waiouru
④
Whanganui
Palmerston North
NUEVA ZELANDA
Mar de Tasmania
Takaka
Kaitoke Regional Park ④
Nelson
⑤ Wētā Cave
Monte Owen ⑦
Picton
⑥ Putangirua Pinnacles
Westport
Wellington
Greymouth
Isla Sur
Kaikoura
Océano Pacífico
Monte Sunday ⑧
Christchurch
Akaroa
Geraldine
Queenstown
⑨ Cañón del río Kawarau
Oamaru
Te Anau
Invercargill

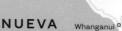

LA COMUNIDAD DEL ANILLO (2001) ▶

En los bosques de Paradise se desarrolla la desgarradora escena en la que Boromir muere de varios flechazos en el pecho durante un ataque de los uruk-hai.

X-MEN ORÍGENES: LOBEZNO (2009)

Una pareja de ancianos esconde a Logan en una granja de este valle tras huir de la instalación en la que le recubren el esqueleto de adamantium.

PARADISE

El paraíso está aquí, en la Tierra. Con sus etéreos y musgosos bosques y sus verdes praderas, este frondoso valle suele acaparar todas las miradas.

Tal vez no sea una localización tan conocida como Monument Valley (*p. 134*), pero este paradisíaco lugar resulta perfecto cuando se trata de aportar magia a una película. Enclavado entre las elevadas cumbres de los Alpes neozelandeses, Paradise es famoso por su aparición en la franquicia de *El señor de los anillos (p. 60)*. Los hayedos del valle fueron el bosque de Lothlórien en *La Comunidad del Anillo* (2001), y una de sus granjas se convirtió en la casa de Beorn para *El hobbit: La desolación de Smaug* (2013). Más allá de la Tierra Media, Paradise y sus alrededores han aparecido en grandes producciones como *El león, la bruja y el armario* (2005) y la serie *Top of the Lake* (2013-2017).

Llegar a Paradise no es sencillo. Hay que conducir 45 minutos desde Queenstown hasta la pequeña localidad de Glenorchy y luego continuar otros 25 minutos por una estrecha pista de grava. Pero esto no parece desanimar a los equipos cinematográficos, que siguen acudiendo, una y otra vez, a este remoto paraíso.

EL LEÓN, LA BRUJA Y EL ARMARIO (2005) ▶

Cuando la Bruja Blanca pierde su poder y Narnia sale de su invierno perpetuo, los hermanos Pevensie pasean por el frondoso paisaje del valle.

TOP OF THE LAKE (2013-2017)

Muchas de las escenas en las que aparece Laketop —la localidad de esta premiada serie de misterio— se filmaron en Glenorchy, próxima a Paradise.

SOBRENATURAL

Sam y Dean Winchester se han enfrentado a infinidad de demonios en sus 15 años de ruta por Estados Unidos, aunque la mayoría de sus destinos estaban en realidad al norte de la frontera canadiense.

AÑOS
2005–2020

LOCALIZACIÓN
VANCOUVER, CANADÁ

Con sus 327 episodios, *Sobrenatural* sigue siendo la serie de fantasía y ciencia ficción más longeva en la historia de la televisión estadounidense. Durante 15 años, los hermanos Winchester recorrieron Estados Unidos en un Chevrolet Impala, cazando criaturas que acechan en la noche. Un detalle curioso: al principio, el creador Eric Kripke quería que Dean Winchester, el hermano mayor, condujera un Ford Mustang de 1965. Hasta que un vecino le comentó: «Tiene que ser un Impala del 67 para que quepa un cadáver en el maletero».

Cuando empezó a desarrollar *Sobrenatural,* Kripke pensó en una serie antológica, pero luego se decantó por una versión del clásico viaje por carretera con toques de terror. Aunque la idea de visitar un nuevo destino cada semana resulte atractiva para el espectador, una serie que está en constante movimiento supone un verdadero reto para el departamento de presupuestos. Afortunadamente, el equipo de producción de *Sobrenatural* encontró en Vancouver y sus alrededores todo lo que necesitaba para un viaje por todo el país. La ciudad canadiense se convirtió en su tierra prometida, un entorno tan versátil que sirvió de base de operaciones a los Winchester de principio a fin —a excepción del episodio piloto grabado en Los Ángeles—.

Por el camino, Vancouver se transformó en varias ciudades estadounidenses, algunas reales (San Francisco, St Louis, Sioux Falls) y otras ficticias (como Kripke's Hollow, bautizada en honor al creador de la serie). Quizás lo más notable sea cómo los diseñadores de producción utilizaron la región como un gran estudio de televisión, adaptando espacios reales a las necesidades

La ciudad canadiense de Vancouver, base de operaciones de *Sobrenatural*

Spur 4 Bridge

La última escena de la serie se filmó en el puente de Spur 4, cerca del Mid-Valley Viewpoint.

Lago Buntzen

Este lago aparece como el lago Manitoc en el episodio *Muerto en el agua* de la temporada 1.

VANCOUVER

Bahía de Burrard

La entrada al búnker de los Hombres de Letras está en la orilla sur de la bahía de Burrard, bajo el Ironworkers Memorial Bridge.

Riverview Hospital

Este hospital sirvió de escenario para varias localizaciones a lo largo de la serie, entre ellas una prisión, apartamentos y hospitales.

VanDusen Botanical Garden

Este jardín se convirtió en la galería de arte LaVeau en el episodio *Funeralia* de la temporada 13.

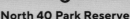

de la serie. Algunos edificios, como el tenebroso Riverview Hospital (que apareció en *Expediente X, Riverdale* y *Galáctica: Estrella de combate*), se ambientaron de varias formas para convertirse en distintas localizaciones.

Los viajes al más allá eran otro elemento importante de *Sobrenatural*, y la entrada al cielo se filmó, por supuesto, a las afueras de Vancouver. El visitante encontrará este magnífico portal en un sencillo arenero del parque de Ladner Harbour —el cual debería aparecer en los folletos turísticos—

Ladner Harbour Park

La puerta al cielo, que aparece de la temporada 9 a la 13, era un sencillo arenero en el parque de Ladner Harbour.

Burger Heaven

En este local de New Westminster se desarrolló un interrogatorio en el episodio *Consuelo sureño* de la temporada 8.

North 40 Park Reserve

Las carreteras de esta reserva forman parte de diversos sets, como el del Harvelle's Roadhouse.

EL LABERINTO DEL FAUNO

El oscuro relato de Guillermo del Toro incluye elementos del cine fantástico —como hadas, faunos y monstruos—, pero, en realidad, está ambientado en la España de la posguerra.

AÑO
2006

LOCALIZACIÓN
ESPAÑA

Este cuento de hadas de estilo gótico es tan intenso que llegó a «inquietar» al rey del terror, Stephen King (algo que encantó al director Guillermo del Toro). Pero si se dejan a un lado la fantasía y los monstruos (inspirados en parte en los cuadros de Francisco de Goya), *El laberinto del fauno* es una historia de guerra.

La trama se desarrolla en 1944, durante la posguerra española, un periodo que queda perfectamente reflejado en las localizaciones elegidas por Del Toro. En la escena inicial, el espectador contempla las ruinas de Belchite, una localidad destruida durante la guerra y conservada como monumento. Este conjunto histórico anuncia el trauma que más adelante parece afectar a cada construcción, planta y criatura del relato de Del Toro.

Gran parte de la película se rodó, sin embargo, en los pinares de la sierra de Guadarrama, campo de batalla durante el conflicto. La filmación en esta zona resultó complicada —debido a la peor sequía en 30 años—, pero el rigor histórico era esencial. Cuanto más integraba Del Toro su cuento en la historia, más fabuloso se tornaba el relato.

Ruinas del pueblo de Belchite, destruido durante la Guerra Civil española

WASHINGTON

Astoria
Longview
Río Columbia
St Helens

1 Indian Beach

Vancouver
Portland
Tillamook
Hood River
The Dalles
Gresham
Lake Oswego
2 The Shire
3 Carver Café

McMinnville

OREGÓN

4 Silver Falls State Park

1 Indian Beach

Jacob le cuenta a Bella las leyendas de la zona durante un paseo por la playa La Push. La escena se filmó en la rocosa playa Indian, en Ecola State Park.

2 The Shire

En la escena del partido de béisbol se ve al fondo la cascada Multnomah. El juego se desarrolla en The Shire, un terreno propiedad de la Universidad de Oregón.

3 Carver Café

Bella y Charlie cenan en este sencillo café, que sigue sirviendo unas magníficas hamburguesas.

4 Silver Falls State Park

Edward y Bella, la «mona araña», vuelan a través de este parque estatal. La escena inicial de la caza del venado también se rodó aquí.

CREPÚSCULO

Los cielos cubiertos y los densos bosques de Oregón proporcionaron el escenario perfecto, y la guarida ideal, para los vampiros de esta exitosa y romántica saga juvenil.

AÑO
2008

LOCALIZACIÓN
OREGÓN, ESTADOS UNIDOS

Tras un intento fallido de adaptar al cine *Crepúsculo,* la popular novela de vampiros de Stephanie Meyer —que hubiera incluido a Bella y Edward huyendo del FBI en motos acuáticas—, Summit Pictures y la directora Catherine Hardwicke se encargaron de llevar el relato a la gran pantalla.

Esta versión no incluía persecuciones de agentes de la ley, pero Edward Cullen y su familia vampírica seguían enfrentándose a problemas: debían evitar exponerse al sol para que su piel no resplandeciera. En el libro de Meyer, el clan se instala en Forks, Washington. Hardwicke decidió filmar en la lluviosa St Helens, en Oregón, pero Forks también adquirió fama. De hecho, la localidad experimentó un aumento del turismo de fans (a pesar de que no se hubiera rodado ninguna escena en

ella). Hay incluso un aparcamiento reservado para el doctor Carlisle Cullen en el hospital.

Crepúsculo se rodó en St Helens, pero aprovechó al máximo los paisajes del estado de Oregón. Sus playas vírgenes, sus bosques cubiertos de niebla y sus cielos tormentosos reflejaban el torbellino de un romance juvenil —un ambiente realzado por el filtro azul verdoso empleado por Hardwicke—. Aunque Oregón sea lluvioso, el mal tiempo no estaba garantizado; la escena de béisbol tuvo que rodarse en invierno para asegurarse un cielo cubierto.

A pesar del éxito de la película, el enfoque de Hardwicke no se mantuvo en las secuelas, filmadas todas en Canadá. Oregón solo sirvió de escenario al primer filme, pero el noroeste del Pacífico sigue siendo la zona cero para los fans de los vampiros.

GOOD OMENS

Good Omens se consideraba una historia imposible de filmar, pero esta adaptación, fiel al origen británico de la historia, logró llevar un pedacito del cielo (y del infierno) a la televisión.

El idílico pueblo de Hambleden se convirtió en Tadfield, el hogar del anticristo

Berwick St ❶

La librería de Azirafel se construyó en un plató de RAF Bovingdon, pero Neil Gaiman ha comentado que seguramente esté en la calle Berwick.

Berwick St ❶
LONDRES
Sky Garden ❷
SOHO
MAYFAIR
CITY
Río Támesis
Shakespeare's ❸
Globe
SOUTHWARK
St James's ❺
Park
BERMONDSEY
WESTMINSTER
VICTORIA
PIMLICO
CHELSEA
VAUXHALL
Templete de ❹
Battersea Park
❹

ST. JOHN'S WOOD
Regent's Park

Sky Garden ❷

Este jardín londinense se recreó digitalmente para convertirse en el cielo, con vistas a monumentos famosos como la Torre Eiffel.

St James's Park ❺

El ángel y el demonio favoritos del público suelen reunirse junto al lago de este parque, en un banco de la orilla norte.

Shakespeare's Globe ❸

En el *flashback* del episodio 3, Crowley y Azirafel asisten a una representación de Hamlet con muy poco público en el teatro Globe de Shakespeare. Aquí conocen al famoso dramaturgo.

Templete de Battersea Park ❹

Azirafel y Crowley tienen una de sus numerosas discusiones en el templete de Battersea Park.

AÑO
2019-

LOCALIZACIÓN
INGLATERRA, SUDÁFRICA

Buenos presagios, la novela de Terry Pratchett y Neil Gaiman sobre un ángel y un demonio que se asocian para salvar el mundo del anticristo, estuvo a punto de convertirse en una película a principios de la década de 2000. Por suerte para los fans, el filme no se llevó a cabo y la pequeña pantalla acogió esta versión del apocalipsis. Cuando Pratchett murió en 2015, se pensó que la promesa que se habían hecho los autores de trabajar juntos en todo lo relacionado con la obra daría al traste con la adaptación, pero Gaiman reveló después que Pratchett le había dado permiso para escribir el guion en solitario. *Buenos presagios* tenía un futuro televisivo.

Asumiendo las tareas de productor ejecutivo y guionista, Gaiman se aseguró de que todo lo que apareciera en pantalla estuviera en sintonía con el enfoque original de ambos. La serie de seis episodios tuvo proporciones hollywoodenses, pero jamás perdió de vista sus raíces en el sureste de Inglaterra.

Azirafel y Crowley, los representantes del cielo y el infierno, se reúnen con frecuencia en parques, *pubs* y restaurantes reales de todo Londres, mientras que las techumbres vegetales y las cabinas de teléfono rojas de Hambleden convirtieron este pueblo próximo a Henley-on-Thames en el escenario ideal de Tadfield, hogar del anticristo preadolescente Adam Young.

Para las secuencias en las que el paisaje del Reino Unido no resultaba adecuado, el equipo se desplazó a Sudáfrica. Las escenas del principio de los tiempos se filmaron en este bello país, aunque la peor sequía sufrida en Ciudad del Cabo en décadas obligó a retocar digitalmente la cascada del Edén. Finalmente, se evitó el apocalipsis bíblico, de modo que numerosas localizaciones de *Good Omens* seguían de una pieza cuando las cámaras empezaron a grabar la segunda temporada en 2021.

3

PARTE DE LA FAMILIA

Hasta que aprendamos a utilizar la máquina del tiempo de Doc y Marty McFly, el cine tal vez sea lo más parecido a regresar al pasado. Y es que basta una frase ingeniosa («Eres un mago, Harry») o las primeras notas de una banda sonora memorable (como la de *Los cazafantasmas*) para volver a esas tardes de sábado, con la familia reunida en torno a la televisión. Está claro que si ves *Parque Jurásico* ahora, te das cuenta perfectamente de que los dinosaurios no son de verdad, pero ¿no sigues notando un escalofrío en la espalda cuando el agua empieza a ondularse en los vasos?

Con sus héroes increíbles (el torpe Jack Sparrow y el educado oso Paddington) y sus momentos emblemáticos (cómo olvidar el primer viaje en el tiempo en el DeLorean), estas películas han pasado de generación en generación, recordándonos qué es lo que nos enamoró del cine en un primer momento.

HARRY POTTER

La mágica saga de J. K. Rowling es ahora un fenómeno mundial, pero cuando se decidió transformar los libros en películas, la producción se ciñó al Reino Unido, dando protagonismo a sus impresionantes localizaciones y magníficos actores.

AÑO
2001, 2002, 2004, 2005, 2007, 2009, 2010, 2011

LOCALIZACIÓN
INGLATERRA, ESCOCIA, GALES

El fascinante mundo de *Harry Potter* ha conquistado los corazones de varias generaciones y ha conseguido fans en todo el mundo. Cada vez que salía un nuevo libro, miles de personas hacían cola a medianoche para comprarlo, de modo que era cuestión de tiempo que las historias de J. K. Rowling saltaran a la gran pantalla. Aunque las adaptaciones cinematográficas fueron financiadas por el estudio estadounidense Warner Bros., el productor británico David Heyman (que también produciría *Paddington; p. 80*) se aseguró de que la saga no perdiera de vista sus raíces. Esto significó un reparto casi exclusivamente británico e irlandés y una producción enteramente en el Reino Unido.

Además de filmar en un estudio de Londres, la saga recurrió a localizaciones reales en las diversas islas británicas para contar la historia del «niño que sobrevivió». Recorrer el mundo mágico, por tanto, implica bastantes desplazamientos —y la aparición no es una opción para los *muggles*—. El mejor punto de partida es la estación londinense de King's Cross, donde se encuentra el andén 9¾. Las posibilidades de subir al Hogwarts Express desde aquí son, sin embargo, escasas, ya que el tren de vapor que aparece en las películas, el Jacobite, parte de Fort William, en Escocia, y atraviesa el viaducto de Glenfinnan de camino a Mallaig.

Si se pudiera subir al Hogwarts Express, se llegaría al Colegio Hogwarts de Magia y Hechicería. Para la famosa cuna del conocimiento de Harry, los productores se inspiraron en varios edificios históricos. Rowling contó que había imaginado Hogwarts en Escocia,

La popular recreación del andén 9¾ en la estación King's Cross de Londres

El tren de vapor Jacobite (el Hogwarts Express para los fans) recorriendo el viaducto de Glenfinnan

MUNDOS MÁGICOS EN EL CINE

Aunque las brujas y magos sean seres mágicos, sus mundos están a menudo inspirados, o al menos filmados, en la Tierra.

EL RETORNO DE LAS BRUJAS (1993)

Muchas escenas de esta película familiar se rodaron en la histórica Salem. La casa de Thackery Binx puede verse en Pioneer Village, el museo de historia viva de la ciudad.

STARDUST (2007)

El rodaje de este romántico filme de fantasía se llevó a cabo por todo el Reino Unido. Castle Combe se convirtió en el pueblo de Wall, y la isla de Skye fue el reino mágico de Stormhold.

ANIMALES FANTÁSTICOS Y DÓNDE ENCONTRARLOS (2016)

En la precuela de *Harry Potter*, las escenas ambientadas en Nueva York se filmaron en Liverpool. El mitin se rodó en el St George's Hall.

Refectorio del Christ Church College, en el que se inspiró el Gran Comedor de Hogwarts

pero gran parte de la escuela de Harry fue rodada al sur de la frontera con Inglaterra. En las dos primeras películas, el castillo Alnwick de Northumberland prestó su exterior al colegio (en algunas escenas se usaron maquetas). Los pasillos se filmaron en la catedral de Gloucester y el patio, en el claustro de la catedral de Durham. Oxford, la ciudad de las agujas, también participó en la creación de Hogwarts. La escena en la que Harry visita la zona restringida de la biblioteca en *La piedra filosofal* se rodó en la biblioteca del duque Humfrey, la sala de lectura más antigua de la Biblioteca Bodleiana (la llama del farol de Harry se generó por ordenador, ya que el uso de fuego estaba prohibido). El Gran Comedor de Hogwarts se inspiró en el refectorio del Christ Church College de la Universidad de Oxford, aunque la estancia en sí se recreó en Leavesden Studios, cerca de Londres.

Con este variado mosaico de localizaciones, el castillo de Hogwarts fue ampliándose y transformándose a medida que las películas revelaban nuevas estancias, mazmorras y escaleras. Por suerte, cualquier error de continuidad puede atribuirse a la naturaleza cambiante de los mágicos muros y escaleras del colegio.

Cuando el año escolar termina, Harry y sus amigos se aventuran más allá de

VIDA *MUGGLE*

Privet Drive, donde viven los Dursley, es probablemente la calle más famosa de Inglaterra. Se filmó en Bracknell, en el condado de Berkshire, aunque a partir de *La cámara secreta* se usó una réplica de la casa.

① Eilean na Moine
En el arbolado islote de Eilean na Moine, en el extremo oeste del Loch Eilt, en Escocia, está la tumba de Albus Dumbledore.

② Glenfinnan Viaduct
Ron y Harry sobrevuelan este viaducto de piedra en *La cámara secreta* tras perder el Hogwarts Express en King's Cross.

③ Alnwick Castle
Este castillo del siglo XI prestó su fachada a Hogwarts; el patio exterior aparece en la clase de vuelo en escoba.

④ Goathland Station
Esta estación en la antigua línea férrea de North Yorkshire Moors se convierte en la estación de Hogsmeade y domina la escena final de *La piedra filosofal*.

⑤ Malham Cove
Harry y Hermione acampan sobre la resquebrajada caliza de Malham Cove en *Las reliquias de la muerte: parte 1*.

⑥ Lavenham
Este pueblo medieval en Suffolk se convirtió en el Valle de Godric, con la casa De Vere como lugar de nacimiento de Harry.

⑦ Virginia Water
Estos preciosos jardines y su lago aparecieron como distintas zonas de Hogwarts a partir de *El prisionero de Azkaban*.

⑧ Swinley Forest
Una banda de carroñeros captura a Harry, Ron y Hermione en este pinar próximo a Bracknell en *Las reliquias de la muerte: parte 1*.

Oxford
La famosa Biblioteca Bodleiana de la ciudad se ve en la primera película, cuando Harry está recuperándose en la enfermería de Hogwarts.

En la cuarta película, Draco Malfoy se convierte en hurón en el arbolado patio del New College de Oxford.

Lacock Abbey
El aula de Snape se rodó en la sacristía de esta abadía y el espejo de Oesed se guardaba en su sala capitular.

⑪ Gloucester Cathedral
El claustro de piedra de esta catedral se transformó en los bulliciosos pasillos de Hogwarts.

Freshwater West
En *Las reliquias de la muerte: parte 1* el elfo Dobby, fiel compañero de Harry Potter, es enterrado en esta playa rodeada de dunas en la costa de Pembrokeshire. Muchos fans peregrinan hasta aquí para presentar sus respetos al elfo.

Inverness
Eilean na Moine
① ② Glenfinnan Viaduct
Perth
ESCOCIA
Glasgow Edimburgo
③ Alnwick Castle
Newcastle upon Tyne
Goathland Station ④
⑤ Malham Cove
Leeds
Liverpool
Manchester
INGLATERRA
Birmingham
Gloucester Cathedral
⑪ Oxford ⑨ Lavenham ⑥
GALES Cardiff
Ver plano de Londres p. 78
Freshwater ⑫ Bristol
West ⑩
Lacock Abbey ⑧ ⑦ Virginia Water
Swinley Forest
Exeter
Southampton

Swinley Forest, lugar en el que Harry, Ron y Hermione se topan con los carroñeros en la séptima película

London Zoo

Harry deja atrapado a Dudley en la jaula de una pitón de Birmania en el zoo de Londres. El recinto que se usó en el rodaje alberga ahora una mamba negra (mucho más letal).

King's Cross Station

El rodaje del andén 9¾ se realizó entre los andenes 4 y 5. Hay que buscar la tienda de recuerdos junto al andén 9 y un carrito que desaparece en la pared.

Claremont Square

La sede de la Orden del Fénix, escondida en Grimmauld Place, puede verse (o tal vez no) en la plaza de Claremont.

Leadenhall Market

El Caldero Chorreante, el *pub* de la primera película, se rodó en el mercado de Leadenhall (en la óptica de 2-3 Bull's Head Passage).

① London Zoo

Regent's Park

② King's Cross Station

③ Claremont Square

FINSBURY

LONDRES

CLERKENWELL

BLOOMSBURY

HOLBORN

⑧

Great Scotland Yard

La oficina del Ministerio de la Magia está en el corazón gubernamental de Londres. La entrada de la cabina telefónica en Great Scotland Yard era atrezo.

SOHO

COVENT GARDEN

⑦ Australia House

CITY

④ Leadenhall Market

Támesis

⑥ Millennium Bridge

⑤ 7 Stoney St

7 Stoney St

El Caldero Chorreante se traslada aquí en la tercera película. Al lado está Henry Pordes Books Ltd, el Emporio del Libro de Tercera Mano en *La cámara secreta*.

⑧ Great Scotland Yard

SOUTH BANK

Río

SOUTHWARK

Hyde Park

Green Park

⑨ Westminster Station

KNIGHTSBRIDGE

LAMBETH

WESTMINSTER

⑨

PIMLICO

Westminster Station

Harry y el señor Weasley acceden a esta estación en *La Orden del Fénix*. Es una de las raras ocasiones en las que se ha permitido filmar en una estación de metro en uso.

⑦

Australia House

El impresionante vestíbulo de mármol de la Casa de Australia era la localización idónea para el banco mágico de Gringott (ha aparecido también en *Wonder Woman*; p. 42).

Millennium Bridge

Este puente queda destruido cuando los mortífagos atacan Londres al inicio de *El misterio del príncipe*.

Hogwarts. Londres desempeña un papel destacado en el mundo mágico, y es en sus bulliciosos callejones donde brujas y magos se abastecen de todo lo que necesitan. No sorprende, por tanto, que las películas pasaran por esta ciudad. La peculiar mezcla arquitectónica de Londres, junto a sus laberínticas callejuelas, resultaron el escenario perfecto para ese mundo oculto, pero a plena vista. Parte de la genialidad de los libros de Rowling radica en su manera de presentar lo mágico junto a lo mundano —las secuencias rodadas en Londres logran una alquimia similar—.

Aunque el legendario callejón Diagon era un decorado, el Caldero Chorreante (el *pub* que servía de puerta al mundo mágico) se emplazó en el Leadenhall Market. Londres aparece también en *El prisionero de Azkaban,* cuando Harry sube al veloz autobús noctámbulo. Greg Powell, coordinador de especialistas, explicó que el autobús avanzaba a 48 km/h mientras que los coches pasaban a su lado a 13 km/h. Incluso las personas a las que se ve caminando por la calle se movían increíblemente despacio para que diera la sensación de que el autobús iba más deprisa. Por su parte, el famoso banco Gringotts se materializó en los salones de mármol de Australia House. El interior se replicó en el estudio, como el de muchas localizaciones reales, para usarlo en películas posteriores. Fue, sin duda, una buena idea, ya que los propietarios de los edificios no habrían visto con buenos ojos que los feroces dragones Ironbelly ucranianos los destruyeran.

La buena noticia para los incondicionales de Potter es que Gringotts —y muchos otros sets— pueden visitarse en el Warner Bros. Studio Tour London: The Making of Harry Potter. Su detallada maqueta de Hogwarts conseguirá que incluso el *muggle* más escéptico se enamore del mundo mágico. Este paraíso para fans ofrece la posibilidad de ver atrezo real y experimentar los efectos visuales de la película (se tarda poco en creer que una escoba pueda volar).

El histórico Leadenhall Market, emplazamiento del Caldero Chorreante

¿LO SABÍAS?

ANDÉN 9¾

J. K. Rowling admitió que al visualizar la entrada al andén 9¾, pensó en los muros de Euston y no en los de King's Cross.

¿LA PIEDRA QUÉ?

En Estados Unidos la primera película se tituló *La piedra del brujo,* lo que obligó a rodar dos veces las escenas en las que se menciona la piedra filosofal.

TOM RIDDLE

La tumba de Thomas Riddell en el cementerio Greyfriars Kirkyard de Edimburgo podría haber inspirado el nombre real de Voldemort, Tom Riddle.

PADDINGTON

Siguiendo las aventuras del adorable oso peruano de Michael Bond, esta serie de películas conducen a los espectadores por los lugares más pintorescos de la capital británica, desde Primrose Hill hasta Portobello Road.

AÑO
2014, 2017

LOCALIZACIÓN
LONDRES, INGLATERRA

E l oso Paddington ha necesitado décadas para llegar a la gran pantalla, pero en 2014 los fans vieron por fin la película que tanto habían esperado. Dirigida por Paul King, *Paddington* relata las aventuras en Londres del popular oso, creado por el autor británico Michael Bond en 1958. Además de divertir a grandes y pequeños, el filme es una carta de amor a la capital británica, y muestra los rincones más bellos de la ciudad a través de los grandes ojos del oso llegado «desde el profundo Perú» (en la película, Costa Rica). Para la fantástica versión de King —«inspirada en el mundo de *Amélie*»— las localizaciones se seleccionaron atendiendo a las que aparecen en los libros y a su atractivo en pantalla.

El centro de todo es Windsor Gardens, la preciosa calle donde viven los Brown en los libros de Bond y en la película. El igualmente encantador Chalcot

Viviendas color pastel de Chalcot Crescent en Primrose Hill, residencia de los Brown

Crescent, una hilera de viviendas color pastel en Primrose Hill, al norte de Londres, era el emplazamiento idóneo para representarla. El resto del Londres de *Paddington* es una recopilación de los lugares más pintorescos de la ciudad. Rincones especiales como Pall Mall, el Natural History Museum y el Portobello Road Market tienen su momento de protagonismo, creando una versión agradable y colorista de Londres. Y, por supuesto, en el mundo de *Paddington* todo parece encontrarse a un simple salto —o un trayecto en monopatín propulsado por un paraguas— de distancia.

La secuela comienza con Paddington en su nuevo hogar, hasta que le acusan de un robo y acaba en la cárcel. Estas conmovedoras escenas, con una memorable interpretación de Brendan Gleeson como el cocinero de la prisión Nudillos McGinty, se rodaron en la Kilmainham Gaol de Dublín, y la Shepton Mallet Prison de Somerset se utilizó para el siniestro exterior. Mientras el optimista oso amante de la mermelada trata de convertir la prisión en un lugar mejor, los espectadores realizan otro recorrido por Londres gracias a un libro desplegable que hace las veces de mapa del tesoro. Sus páginas, en las que aparecen lugares famosos como la catedral de St Paul, están diseñadas al estilo de Peggy Fortnum, ilustradora original de los cuentos de *Paddington*.

🎬 ¿LO SABÍAS?

MICHAEL BOND

En la primera película, el hombre que levanta una copa hacia Paddington cuando este viaja a través de Londres es el difunto Michael Bond, autor de los libros de *Paddington*.

VOLODYMYR ZELENSKY

El líder ucraniano prestó su voz a Paddington en las versiones ucranianas de las películas.

6
Paddington Station
Las personas que pasan por la estación de Paddington ignoran al oso que espera en el andén 1.

1
Chalcot Crescent
Esta calle en curva aparece como Windsor Gardens, residencia de los Brown y de Paddington.

5
Alice's
El exterior de la tienda de antigüedades del señor Gruber se rodó en Alice's, un famoso anticuario que vende objetos muy diversos en Portobello Road.

2
Catedral de St Paul
En *Paddington 2* los Brown siguen a Phoenix Buchanan, interpretado por Hugh Grant, hasta este monumento incluido en el libro desplegable.

4
Natural History Museum
La primera película termina en las salas góticas de este museo, donde la malvada Millicent Clyde trabaja como taxidermista jefe.

3
Reform Club
La burocrática Asociación de Geógrafos se rodó en el interior del Reform Club, un club privado de Pall Mall.

Chalcot **1** Crescent
CAMDEN
ST JOHN'S WOOD
Regent's Park
MAIDA VALE
NORTH KENSINGTON
MARYLEBONE
BLOOMSBURY
HOLBORN
Paddington **6** Station
LONDRES
COVENT GARDEN
SOHO
Catedral **2** de St Paul
CITY
BAYSWATER
5 Alice's
Hyde Park
MAYFAIR
Río   Támesis
NOTTING HILL
Kensington Gardens
Reform Club **3**
3
Natural History **4** Museum
KENSINGTON
KNIGHTSBRIDGE
EARL'S COURT
SOUTH KENSINGTON
VICTORIA
PIMLICO
CHELSEA

LOS CAZAFANTASMAS

Ninguna película de la década de 1980 caracterizó la Gran Manzana como *Los cazafantasmas*. Rodada en Nueva York, la película de Ivan Reitman se impregnó de la energía de la ciudad, resaltando los motivos para amarla.

AÑO
1984

LOCALIZACIÓN
**NUEVA YORK,
ESTADOS UNIDOS**

Estrellas del programa *Saturday Night Live,* demasiados efectos especiales y un escenario neoyorkino: *Los cazafantasmas* no tenía los ingredientes típicos de un taquillazo. Pero, contra todo pronóstico, esta aventura de ciencia ficción se convirtió en una de las mejores películas ambientadas en la ciudad.

El filme, que sigue a cuatro controladores de plagas paranormales en su lucha contra los fantasmas, combina con maestría comedia, acción y terror. Fue concebida por el escritor/actor Dan Aykroyd, conocido por su participación en *Saturday Night Live* y su papel protagonista en *The Blues Brothers* (1980). A Aykroyd le fascina lo sobrenatural y su idea original era mandar a los cazafantasmas a una misión intergaláctica en el futuro. Cuando el director Ivan Reitman se unió al equipo, sugirió desarrollar la acción en Nueva York. Esta ciudad no era precisamente un hervidero

Parque de bomberos de Hook & Ladder 8, cuartel general de los cazafantasmas en Nueva York

❷ Tavern on the Green

Cuando Louis intenta escapar de un perro, le niegan el acceso a este exclusivo restaurante de Central Park.

❶ Columbia University

Tras ser despedidos de esta universidad, Ray, Venkman y Egon planean la fundación de los cazafantasmas.

❸ 55 Central Park West

Este fue el prestigioso edificio de apartamentos de Louis y Dana Barrett. El equipo de producción añadió ocho plantas y gárgolas con forma de perro mediante pinturas mate para crear el templo de la azotea.

❹ Columbus Circle

La primera aparición del hombre de malvavisco se produce en esta bulliciosa intersección. Tras décadas de remodelaciones, los edificios resultan irreconocibles.

❺ Rockefeller Center

Este monumento neoyorquino aparece brevemente en el frenético tramo central de la película, en el que los cazafantasmas saltan a la fama.

❻ New York Public Library

La escena inicial en la Rose Main Reading Room se rodó en solo unas horas, antes de que la biblioteca abriera a las 10.00.

cinematográfico en ese momento —muchas películas se rodaban en Los Ángeles— y advirtieron a Reitman que filmar en ella podía ser complicado.

Los cazafantasmas es tan neoyorquina porque gran parte de lo que se ve en pantalla es genuino de la ciudad. Reitman la aprovechó al máximo, rodando escenas en varios monumentos y sacando partido a su arquitectura gótica y el bullicio de sus calles. Sin embargo, filmar en la Gran Manzana también incluyó ciertas limitaciones. La película comienza en la biblioteca pública de Nueva York, con su descomunal león en primer plano (las estatuas de la ciudad son una constante en la película). El equipo tuvo que rodar antes de que se abriera al público, lo que supuso realizar la escena prácticamente en una sola toma; pero cuando la bibliotecaria baja la escalera, lo que se ve es la biblioteca pública de Los Ángeles. También utilizaron tácticas del cine de guerrilla, como cuando se ve al grupo corriendo desde el Rockefeller Center. En realidad, estaban escapando de los guardias de seguridad, ya que no disponían de los permisos necesarios para el rodaje.

Hacia el final de la película, el grupo se desplaza en el Ecto-1 (su coche tipo limusina) hacia la parte alta de Nueva York desde el barrio de Tribeca. Para rodar esta secuencia se cortaron las avenidas 7, 8 y 9, lo que provocó tal atasco que llegaron a colapsarse dos terceras partes de la ciudad. En medio de todo el lío, el escritor de ciencia ficción Isaac Asimov, que vivía en el Upper West Side, se acercó a Aykroyd y le recriminó, furioso, que no podía llegar a su casa. El autor no sabía con quién estaba hablando, ni de que ante sus ojos se estaba haciendo historia del cine.

❶ Columbia University

UPPER WEST SIDE

Central Park

Río Hudson

55 Central Park West ❸ ❷ **Tavern on the Green**

Columbus Circle ❹

HELL'S KITCHEN

❺ **Rockefeller Center**

MIDTOWN WEST

New York Public Library ❻

MIDTOWN EAST

MIDTOWN

MANHATTAN

CHELSEA

Río East

GRAMERCY PARK

GREENWICH VILLAGE

NUEVA YORK

SOHO

❼ **Hook & Ladder 8 Firehouse**

LOWER EAST SIDE

LOWER MANHATTAN

❼ Hook & Ladder 8 Firehouse

Este parque de bomberos fue la sede de los cazafantasmas en Tribeca, con aspecto de «zona desmilitarizada» según Egon. Las escenas del interior se filmaron en Los Ángeles.

CENTRAL PARK

Al igual que los taxis amarillos y los rascacielos, Central Park desempeña un papel clave para la recreación de Nueva York en la pantalla. Aquí se han desarrollado multitud de escenas, incluidas algunas muy emblemáticas.

En 1908 Central Park sirvió de telón de fondo a una adaptación cinematográfica de *Romeo y Julieta*, y desde entonces su irresistible magia ha atraído a los cineastas. Esta zona verde situada en el corazón de Manhattan ha hecho más de 350 apariciones en películas y series, incluidas desde comedias románticas como *Serendipity* (2001) hasta películas de acción como *Jungla de cristal: La venganza* (1995).

En él se han filmado también numerosas películas para toda la familia. Además de aparecer en *Los cazafantasmas (p. 82)*, este famoso parque urbano es donde un perdido Kevin McCallister conoce a la amable mujer de las palomas en *Solo en casa 2* (1992), y donde el duende Buddy salva a Santa en la navideña *Elf* (2003). También está *Encantada* (2007), un cuento de hadas moderno en el que el parque ofrece un aspecto increíble. Mientras la princesa Giselle canta «Eso es amor», recorre emocionada algunos de sus lugares más emblemáticos, como la Bethesda Fountain y el Bow Bridge. Y quién no lo haría, teniendo en cuenta lo maravilloso que es Central Park.

DESAYUNO CON DIAMANTES
(1961) ▶

La joyería Tiffany es territorio de Holly, la protagonista, mientras que Paul prefiere acudir a algunos lugares del Central Park, como el Conservatory Water.

CUANDO HARRY ENCONTRÓ A SALLY (1989)

Esta película demuestra que no hay nada como Nueva York en otoño. En una escena, Harry y Sally se van conociendo durante un paseo bajo las hojas anaranjadas del parque.

ELF (2003) ▶

El duende Buddy intenta que Santa
remonte el vuelo tras un aterrizaje
forzoso en Central Park. Son
perseguidos por los malvados
guardas del parque y logran escapar
gracias al espíritu navideño.

CAZAFANTASMAS 2
(1989)

Correr por Central Park es una
actividad típica en Nueva York,
por eso no sorprende que uno de
los muchos fantasmas de esta
película haga exactamente eso.

INDIANA JONES

Indiana Jones no es un simple arqueólogo. En sus expediciones en busca de reliquias antiguas, este héroe con látigo se ha aventurado por algunas de las maravillas del mundo.

AÑO
1981, 1984, 1989, 2008, 2023

LOCALIZACIÓN
TODO EL MUNDO

Es innegable que el intrépido Indiana Jones de Harrison Ford ha dejado un legado duradero. El arqueólogo convertido en héroe de acción lleva décadas corriendo por rocas, saltando de vehículos y dando puñetazos, y aún sigue con fuerzas. Sus aventuras son sin duda emocionantes, pero llegan a palidecer ante las impresionantes localizaciones de las películas. La saga de *Indiana Jones* ha viajado casi tanto como *James Bond (p. 186),* haciendo escala en países como Túnez, Sri Lanka y España.

Todo empezó con *En busca del arca perdida,* ideada por George Lucas, creador de *Star Wars (p. 166).* Inspirado por los protagonistas de sus películas favoritas de las décadas de 1930 y 1940, Lucas se planteó hacer un filme de serie B sobre las aventuras de un arqueólogo llamado Indiana Smith (el apellido se cambió). Pero no quería dirigirlo; de eso se encargaría su amigo Steven Spielberg.

En busca del arca perdida empezó a filmarse en junio de 1980, con un presupuesto de 20 millones de dólares y un apretado plan de rodaje en Túnez de 73 días. Este país norteafricano, donde Lucas había rodado *Star Wars,* fue elegido para representar a Egipto. Aunque los vastos desiertos tunecinos eran el

Harrison Ford (Indiana Jones) rodando *En busca del arca perdida* en Túnez

escenario perfecto, Lucas se enfrentó a numerosos problemas, igual que con *Star Wars.* La temperatura ascendió hasta unos abrasadores 54 °C y el productor sufrió graves quemaduras solares, mientras que la disentería afectó a unos 150 miembros del equipo, incluido Harrison Ford. Cuando iban a filmar un épico combate a látigo y espada (al que normalmente se hubieran dedicado varios días), el actor se encontraba tan mal

Al-Khazneh (Tesoro) en Petra, telón de fondo de la escena final de *La última cruzada*

¿LO SABÍAS?

LA CASA DE INDY

La casa del héroe en *La última cruzada* está en Antonito (Colorado) y ahora es un *Bed and Breakfast*.

CLUB OBI WAN

Al comienzo de *El templo maldito,* Indy entra en un club con el nombre del maestro jedi de *Star Wars (p. 166),* en homenaje a George Lucas.

9.000

El pozo de las Almas de *En busca del arca perdida* contenía unas 9.000 serpientes y lagartos ápodos. Por suerte, a Harrison Ford no le asustan las serpientes como a Indy.

que sugirió que Indy disparara a su oponente. Afortunadamente, el director estuvo de acuerdo, y la cómica escena es ahora una de las más recordadas de la franquicia.

Para la secuela de la película, *Indiana Jones y el templo maldito,* Lucas cambió el desierto de Túnez por la selva de Sri Lanka. En una escena Indy se enfrenta a sus enemigos en un puente colgante antes de hacerlos caer a un río infestado de cocodrilos; este puente provisional se tendió sobre el río Mahaweli de Sri Lanka. Aunque esta vez la meteorología fue benigna, el rodaje de *El templo maldito* se complicó. Ford sufrió una lesión en la espalda y tuvo que regresar a Estados Unidos; su doble, Vic Armstrong, le sustituyó como Indy en algunas escenas.

Indiana Jones y la última cruzada fue una verdadera aventura, con escenas rodadas en varias localizaciones de Europa y Oriente Próximo. Para el siniestro

ACCESO DENEGADO

El gobierno indio consideró ofensiva la imagen que ofrecía *El templo maldito* de su pueblo como brutales antagonistas y practicantes de vudú. Solicitaron cambios en el guion, pero no lograron llegar a un acuerdo con el equipo de producción y el rodaje se trasladó a Sri Lanka.

castillo de Brunwald, donde el padre de Indy está cautivo, el equipo utilizó la fachada del castillo alemán de Bürresheim. Mediante pinturas mate, modificaron su aspecto en pantalla y ampliaron su exterior. Tras una emocionante aventura con su padre, Indy finaliza la búsqueda del santo grial en Al-Khazneh (Tesoro), una increíble estructura de arenisca en la antigua ciudad jordana de Petra.

El río Mahaweli de Sri Lanka, donde se instaló el puente colgante de *El templo maldito*

Construida por los nabateos en medio del desierto, esta ciudad labrada en la roca fue declarada patrimonio de la humanidad por la Unesco en 1985 y adquirió fama en el cine tras rodarse en ella la escena final de esta película. Numerosos filmes, entre ellos *El regreso de la momia* (2001) y *Transformers: La venganza de los caídos* (2009), han acudido desde entonces a su entorno desértico.

Aprovechando el gusto por los viajes de Indy, la tercera entrega de *Indiana Jones* consolidó al personaje como un héroe de acción. Y sus aventuras no acaban ahí: en *Indiana Jones y el dial del destino* (2023) el protagonista vuelve a la silla de montar, látigo en mano y dispuesto a rodar una película más antes de retirarse.

①

Castillo de Bürresheim
Indy y su padre se reencuentran en este impresionante castillo alemán durante *La última cruzada*.

②

Venecia
En la tercera película, el diario del padre de Indy conduce al héroe hasta la Chiesa di San Barnaba.

③ Al-Khazneh, Petra
Las tomas exteriores para la escena final de *La última cruzada* se filmaron en el Tesoro de Petra, en Jordania.

④

Tozeur
El yacimiento de *En busca del arca perdida* estaba cerca de la ciudad tunecina de Tozeur.

A escasa distancia de la ciudad se halla la rocosa Jebel Sidi Bouhlel (garganta Maguer), adonde los nazis llevan el arca antes de abrirla. La zona se conoce también como el cañón de Star Wars tras su aparición en *Star Wars: Una nueva esperanza*.

⑤

Kairouan
Esta ciudad tunecina es la antigua medina de El Cairo en *En busca del arca perdida*. El famoso disparo de Indy a su oponente se rueda en la plaza J'raba de Kairouan.

⑥

Almería
En la tercera película el padre de Indy derriba con un paraguas un avión en la playa de Mónsul.

⑦ Tabernas
Indy lucha por rescatar a su padre de un tanque alemán en este desierto español.

ALEMANIA
BÉLGICA
① Castillo de Bürresheim
REPÚBLICA CHECA
ESLOVAQUIA
FRANCIA
SUIZA
AUSTRIA
HUNGRÍA
ESLOVENIA
RUMANÍA
Venecia ②
BOSNIA-HERZ.
SERBIA
ITALIA
BULGARIA
MACEDONIA DEL NORTE
ESPAÑA
TURQUÍA
Tabernas ⑦
⑥ Almería
SIRIA
Kairouan ⑤
Tozeur ④
Mar Mediterráneo
MARRUECOS
JORDANIA
ARGELIA
TÚNEZ
EGIPTO
Al-Khazneh, Petra ③
LIBIA

REGRESO AL FUTURO

Al igual que los viajes en el tiempo de Doc y Marty McFly se limitaron a Hill Valley, la producción de *Regreso al futuro* no se alejó demasiado de Los Ángeles.

AÑO
1985, 1989, 1990

LOCALIZACIÓN
CALIFORNIA,
ESTADOS UNIDOS

Existe una realidad paralela en la que Michael J. Fox no interpreta el papel de Marty McFly en *Regreso al futuro,* una película repleta de situaciones que toman un nuevo rumbo. Eric Stoltz vistió el chaleco acolchado de McFly durante las seis primeras semanas de rodaje, hasta que el director Robert Zemeckis, descontento con su interpretación, le despidió. Fox se hizo con el papel y acabó trabajando 16 horas diarias para poder filmar al mismo tiempo *Enredos de familia* y la película.

Gran parte del rodaje se llevó a cabo en el plató Courthouse Square de Universal Studios, en Los Ángeles, lo que facilitó un poco las cosas a Fox. Esta recreación de una típica plaza estadounidense ha aparecido en numerosas películas (incluida *Matar a un ruiseñor* de 1962) y se convirtió en el centro de Hill Valley. A lo largo de la trilogía, se fue adaptando para representar tres periodos de tiempo: 1985, 1955 y el futurista 2015. Es aquí donde se alza la torre del reloj de *Regreso al futuro,* sobre la que cae un rayo en la primera película. El reloj sigue ahí (en funcionamiento), aunque la fachada del edificio haya cambiado un poco desde que Doc quedó colgado de ella.

La producción se desarrolló sobre todo en el set, pero el equipo se aventuró por Los Ángeles cuando necesitó otras localizaciones, de modo que no es necesario realizar la visita guiada del estudio para regresar al... pasado.

La torre del reloj de Hill Valley

1 **Port Hueneme**
En la tercera película, el DeLorean es destruido en una vía de Port Hueneme, entre South Ventura Road y Shoreview Drive.

2 **Universal Studios Backlot**
A veces incluida en la visita guiada del estudio, la Courthouse Square fue el centro de Hill Valley en las dos primeras películas de *Regreso al futuro*.

3

Hollywood United Methodist Church
Marty McFly sube al escenario durante el baile del encantamiento bajo el mar de la primera película, que se rodó en esta iglesia.

4 **Mt Hollywood Tunnel**
Este túnel de Griffith Park es donde Biff trata de aplastar a Marty y su aeropatín en la segunda película.

5

Gamble House
La casa Gamble, una joya arquitectónica en estilo Arts and Crafts, fue la residencia de Doc en 1955.

6

Puente Hills Mall
Doc le enseña a Marty su máquina del tiempo en el aparcamiento de este centro comercial.

ATRAPADO EN EL TIEMPO

La ciudad de Woodstock adquirió fama gracias a esta comedia del director Harold Ramis, en la que el malhumorado Bill Murray revive el mismo día una y otra vez.

AÑO
1993

LOCALIZACIÓN
ILLINOIS, ESTADOS UNIDOS

En esta obra maestra del cine metafísico, la ciudad de Woodstock, en Illinois, se convierte en Punxsutawney, en Pensilvania, la localidad donde se celebra cada año el verdadero Día de la Marmota. ¿Y por qué Harold Ramis no rodó la película en Punxsutawney?

En realidad, el festival tiene lugar en un parque a las afueras de Punxsutawney, pero Ramis quería que localidad y fiesta aparecieran unidas en el filme. El director visitó más de 60 localizaciones, pero cuando entró en Woodstock —con su pintoresca plaza, sus cercas de postes blancos y sus pequeñas calles— supo que la búsqueda había terminado. El rodaje se desarrolló por toda la ciudad, con múltiples apariciones de la plaza principal y su templete; en el extremo norte de la plaza una placa señala el lugar donde el atormentado Phil pisa, repetidamente, un charco helado. A un breve paseo de aquí se encuentra el bonito Cherry Tree Inn B&B *(p. 92)*, donde Phil se despierta furioso cada mañana.

La ciudad de Woodstock ha cambiado poco desde que se convirtiera en el purgatorio de Phil, de modo que es posible seguir casi sus mismos recorridos. Una advertencia para quien lo haga: cuidado con el primer paso.

SERVICIO DE HABITACIONES

¿Hay mejor manera de experimentar una película que alojarse donde fue rodada? La lista de preciosos hoteles y casas que aparecen en pantalla es infinita y, por suerte, muchos de estos edificios están abiertos al público.

ATRAPADO EN EL TIEMPO (1993)
Cherry Tree Inn B&B, Illinois, EE. UU.

El alojamiento en el que Phil de *Atrapado en el tiempo (p. 91)* se despierta cada mañana con mayor frustración es un encantador hotel del medio oeste. Se puede dormir en él y hacer el recorrido autoguiado de la película (evitando poner *esa* canción de Sonny y Cher durante la estancia).

DIRTY DANCING (1987)
Mountain Lake Lodge, Virginia, EE. UU.

Kellerman's, el complejo turístico de *Dirty Dancing,* era en realidad el Mountain Lake Lodge. La mayoría de la película se rodó en este rústico hotel de Virginia, donde aún se puede disfrutar de fines de semana temáticos y visitas a las localizaciones de la película.

EL RESPLANDOR (1980)
Timberline Lodge, Oregón, EE. UU.

Gran parte de *El resplandor (p. 114)* se rodó en Elstree Studios, en Inglaterra, pero para el exterior del Overlook Hotel se utilizó el Timberline Lodge. Este alojamiento de madera rodeado de nieve está escondido en el montañoso paisaje de Oregón y es perfecto para una película de terror psicológico. Si se visita en Halloween, resulta aún más siniestro.

EX MACHINA (2014)
Juvet Landskapshotell, Alstad, Noruega

La elegante casa del huraño director ejecutivo Nathan, principal escenario de esta inquietante película de Alex Garland, está adecuadamente aislada. Para conseguir la localización perfecta, se rodó en dos edificios: un hotel en Noruega y una residencia privada. El primero, el lujoso Juvet Landskapshotell, ofrece habitaciones en un bonito entorno natural. Cuando la familia Roy viaja a Noruega en *Succession* (2018-2023), se aloja en este mismo hotel.

LOCAMENTE MILLONARIOS (2018)
Marina Bay Sands, Singapur

El emblemático hotel Marina Bay Sands sirvió de escenario a la fiesta de despedida de Rachel y Nick en esta comedia romántica. Alojarse aquí cuesta una fortuna, pero su impresionante piscina infinita y la vista de Singapur de 360° son difíciles de encontrar en ningún otro lugar.

1 Cherry Tree Inn, donde Phil comienza el día del mismo modo una y otra vez

2 El legado de *Dirty Dancing* en Mountain Lake Lodge

3 El remoto Timberline Lodge de Oregón

4 Una de las habitaciones del Juvet Landskapshotell

5 El lujoso y glamuroso Marina Bay Sands, escenario idóneo para la fiesta de *Locamente millonarios*

1

2

3

4

5

PARQUE JURÁSICO

La boscosa isla hawaiana de Kaua'i fue el escenario perfecto para este exitazo de Spielberg. Al visitarla hoy, resulta fácil imaginar un *Tyrannosaurus rex* merodeando entre la densa vegetación.

AÑO
1993, 1997, 2001,
2015, 2018, 2022

LOCALIZACIÓN
HAWÁI, EE. UU.

Cuando Steven Spielberg monta un espectáculo, lo hace a lo grande —que se lo pregunten a las generaciones de cinéfilos que siguen recordando escenas de *Parque Jurásico*—. ¿Cómo olvidar esas primeras imágenes de un braquiosaurio comiendo hojas de un árbol o las ondas en los vasos que anuncian la aparición del *Tyrannosaurus*? Sin embargo, aunque los dinosaurios se lleven la fama, parte del mérito corresponde a la frondosa vegetación de Hawái. Después de todo, el parque en el que se desarrolla la historia no hubiera parecido tan real de no ser por un telón de fondo tan perfectamente prehistórico.

La novela de Michael Crichton en la que se basa la película se desarrolla en Costa Rica, pero el director temió que la accesibilidad resultara un problema y decidió rodar gran parte del filme en la isla hawaiana de Kaua'i. Además, conocía el lugar, ya que había filmado en él la primera escena de *En busca del arca perdida* (p. 87) —de hecho, Spielberg ofreció primero a Harrison Ford el papel del doctor Alan Grant, interpretado por Sam Neill—.

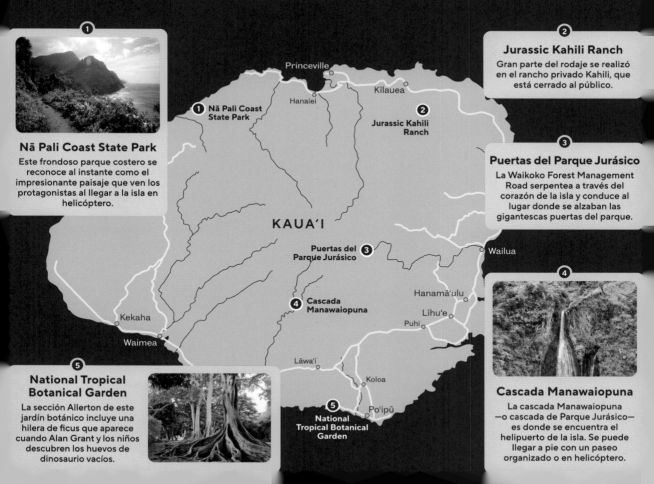

Nã Pali Coast State Park
Este frondoso parque costero se reconoce al instante como el impresionante paisaje que ven los protagonistas al llegar a la isla en helicóptero.

Jurassic Kahili Ranch
Gran parte del rodaje se realizó en el rancho privado Kahili, que está cerrado al público.

Puertas del Parque Jurásico
La Waikoko Forest Management Road serpentea a través del corazón de la isla y conduce al lugar donde se alzaban las gigantescas puertas del parque.

Cascada Manawaiopuna
La cascada Manawaiopuna —o cascada de Parque Jurásico— es donde se encuentra el helipuerto de la isla. Se puede llegar a pie con un paseo organizado o en helicóptero.

National Tropical Botanical Garden
La sección Allerton de este jardín botánico incluye una hilera de ficus que aparece cuando Alan Grant y los niños descubren los huevos de dinosaurio vacíos.

KAUA'I

Princeville
Hanalei
Kīlauea
Nã Pali Coast State Park
Jurassic Kahili Ranch
Puertas del Parque Jurásico
Wailua
Cascada Manawaiopuna
Hanamā'ulu
Līhu'e
Puhi
Kekaha
Waimea
Lāwa'i
Koloa
Po'ipū
National Tropical Botanical Garden

RODAJES EN LA TIERRA DEL ALOHA

Además de servir de telón de fondo a películas de dinosaurios, la vegetación de Hawái ha aparecido en comedias románticas y series dramáticas.

50 PRIMERAS CITAS
(2004)

Gran parte de esta comedia romántica se rodó en la costa de Windward, en O'ahu. La cafetería de la película (un decorado) se inspiró en el Hukilau Café de Laie.

THE WHITE LOTUS
(2021–)

Esta serie de éxito internacional incluye bellísimas localizaciones; la primera temporada se realizó en el Four Seasons Resort Maui.

PERDIDOS
(2004–2010)

Esta serie de supervivencia se rodó principalmente en la isla de O'ahu; el episodio piloto en la playa Mokule'ia.

Sin embargo, en esta ocasión hubo que lidiar con las típicas tormentas de los paraísos tropicales. Tras varias semanas de rodaje, *Parque Jurásico* se enfrentó al huracán Iniki, el más destructivo que ha azotado Hawái. Afortunadamente, ningún miembro del equipo resultó herido —quizás lo más milagroso fue que Richard Attenborough (en el papel del propietario del parque, John Hammond) siguiera durmiendo mientras el resto se refugiaba en el sótano del hotel—. Los decorados, sin embargo, no tuvieron tanta suerte. Las estructuras que tan minuciosamente habían construido, incluidas las torres que contenían los paneles eléctricos del parque, quedaron destrozadas (como la pobre vaca que introducen en el recinto de los velocirraptores).

Cuando solo quedaba un día de rodaje, la producción se trasladó a la isla de O'ahu. Aquí, Spielberg filmó la escena en la que Grant y los niños se esconden tras

un árbol caído para protegerse de la estampida de dinosaurios. El director también sacó provecho de la situación e incluyó tomas del huracán Iniki en la versión definitiva; alrededor del minuto 54 se atisba el final de la tormenta, con grandes olas rompiendo en la costa. Tras rodar las últimas escenas, Spielberg se trasladó a Polonia para trabajar en *La lista de Schindler*; aprobando de mala gana las tomas del *Tyrannosaurus* a través de «una rudimentaria señal por satélite».

Kaua'i no tardó en recuperar su idílico aspecto y las secuelas de *Parque Jurásico* —incluidas *Parque Jurásico III* (2001) y *Jurassic World* (2015)— se rodaron también en las islas hawaianas, entre otros lugares. Muchas de las localizaciones de la franquicia pueden verse en Kaua'i y O'ahu, donde se ha desarrollado una pequeña industria turística que ofrece visitas guiadas por algunos de los principales escenarios. Quienes decidan aventurarse

hasta aquí descubrirán que las montañas, costas y cascadas de Hawái resultan tan cautivadoras como en pantalla. E incluso sin los decorados de Spielberg (ni los dinosaurios), el bosque parece un paraíso prehistórico —hasta el punto de que la mínima ondulación en un charco puede llegar a provocar escalofríos—.

Kualoa Ranch en O'ahu, escenario de *Parque Jurásico* y *Jurassic World*

Un braquiosaurio, visto en la primera película

¿LO SABÍAS?

15 MINUTOS

Es el tiempo total que aparecen los dinosaurios en pantalla en la primera película de *Parque Jurásico* (1993).

SONIDOS DE VELOCIRRAPTOR

Los sonidos que se escuchan cuando los dinosaurios acechan a Lex y Tim en la cocina eran de tortugas apareándose.

SAMUEL L. JACKSON

Ray Arnold, interpretado por Jackson, iba a tener una última escena sangrienta, pero no pudo filmarse porque un huracán destruyó el set. Aunque su muerte no aparece en pantalla, se ve su brazo cayendo sobre una asustada Ellie Sattler.

PIRATAS DEL CARIBE

En consonancia con el título, esta saga de aventuras se filmó en las idílicas islas del Caribe, aunque las playas remotas, las tormentas tropicales y la falta de infraestructuras dificultaron el rodaje.

AÑO
2003, 2006, 2007, 2011, 2017

LOCALIZACIÓN
EL CARIBE

La película *Piratas del Caribe* despertó dudas desde el principio. Y no solo por estar basada en una atracción de un parque temático, sino porque suponía el regreso del género de piratas, que (para la mayoría) había muerto con el descalabro en taquilla de *La isla de las cabezas cortadas* (1995). Sin embargo, tras cinco entregas, *Piratas del caribe* se ha convertido en una de las franquicias con más éxito de Disney. Incluso se nominó a Johnny Depp a un Oscar por su interpretación del capitán Jack Sparrow, para la que se inspiró en Keith Richards, guitarrista de los Rolling Stones.

Aunque se construyeron varios escenarios en California (la cueva del tesoro de la primera película supuso casi cinco meses de trabajo), gran parte del rodaje se llevó a cabo en países caribeños. Este bello entorno, que aportó a las películas su característica imagen, sirvió de escenario a las aventuras de Sparrow. La serie arrancó con *La maldición de la perla negra* (2003), filmada en el complejo turístico Wallilabou Anchorage, en la bahía

La hermosa bahía Wallilabou, el marco idóneo para Port Royal

Wallilabou de San Vicente (el personal de Disney encargado de buscar localizaciones optó por este complejo porque era uno de los pocos que no estaban abarrotados de gente). Las tiendas y restaurantes del hotel se transformaron en la ciudad pirata de Port Royal, y el estudio añadió dos nuevos muelles. Los huracanes destruyeron el muelle principal en 2004, pero, sorprendentemente, el resto del set permaneció intacto y se utilizó de nuevo para la secuela de 2006, *El cofre del hombre muerto*. Hoy sigue en pie y alberga incluso un museo temático.

El paisaje tropical de Dominica era el escenario ideal para la segunda aparición en pantalla de Sparrow, pero había un problema: la escasa infraestructura de transportes de la isla resultaba insuficiente para mover 500 personas y toneladas de material. El equipo de producción se vio obligado a abrir carreteras para llegar a las montañas y playas en las que quería rodar. Y debido a la escasez de hoteles, buena parte del personal tuvo que alojarse en otras islas y trasladarse en barco cada día al trabajo, en ocasiones bajo una lluvia torrencial.

Tras cinco películas repletas de aventuras, el popular pirata colgó su sombrero en 2017. Sin embargo, aún se pueden seguir sus pasos montando en la atracción de Disney o recorriendo las playas del Caribe.

PELÍCULAS BASADAS EN ATRACCIONES DE DISNEY

LA TORRE DEL TERROR
(1997)

Esta película, parte de ella rodada en la propia atracción (en el Walt Disney World Resort de Orlando), sigue a un periodista y a su sobrina mientras investigan unas desapariciones en un hotel encantado. Está en desarrollo una nueva adaptación, producida y protagonizada por Scarlett Johansson.

LA MANSIÓN ENCANTADA
(2003)

Esta comedia sobrenatural, protagonizada por Eddie Murphy, se basa en la terrorífica atracción inaugurada en 1969 en el complejo de Disney en Orlando. Se rodó en el rancho Sable de Santa Clarita (California) y en Nueva Orleans.

JUNGLE CRUISE
(2021)

Basada en una popular atracción, y supuestamente ambientada en el Amazonas, esta película protagonizada por Dwayne Johnson se filmó en la isla hawaiana de Kaua'i. El equipo de producción construyó un mercado, una taberna y un muelle al estilo de 1916.

❶

Isla Palominitos

En mareas misteriosas (2011) lleva a Jack Sparrow a abandonar a Angélica en esta diminuta isla coralina de Puerto Rico.

❷

Dominica

La memorable pelea de la noria en *El cofre del hombre muerto* (2006) se filmó cerca del pueblo de Vieille Case, en la costa norte de Dominica.

Dentro de una jaula de huesos, Will Turner y sus compañeros caen por laderas y chocan con árboles antes de acabar en la garganta Titou de Dominica en *El cofre del hombre muerto*.

Isla Palominitos

ISLAS VÍRGENES
❶
PUERTO RICO
ANTIGUA
SAN CRISTÓBAL y NIEVES
GUADALUPE
Dominica ❷
Mar Caribe
MARTINICA
SANTA LUCÍA
❸ Bahía Wallilabou
SAN VICENTE y las GRANADINAS
❹ Petit Tabac
GRANADA
TRINIDAD y TOBAGO

❸

Bahía Wallilabou

El complejo Wallilabou Anchorage de esta bahía se convirtió en Port Royal, la infame ciudad pirata de la película.

❹

Petit Tabac

Jack Sparrow y Elizabeth Swann son abandonados en esta isla por el capitán Barbossa y logran escapar quemando cajas de ron.

4

TERROR ABSOLUTO

Nuestras pesadillas pueden adoptar múltiples disfraces: la inesperada risa de un payaso, el aullido lejano de un hombre lobo, la aleta de un gran tiburón blanco nadando en círculos. Cualquiera que sea nuestra fobia, el cine de terror nos invita a enfrentarnos a ella desde la relativa comodidad de un sofá o una butaca de cine. Podemos disfrutar del miedo sin consecuencias, tapándonos los ojos con las manos cuando se vuelve demasiado intenso.

Las localizaciones que albergan estos horrores son tan variadas como los propios miedos. Los relatos de terror han dejado de estar confinados a las casas encantadas, ya que el peligro acecha en cualquier parte: un siniestro hotel aislado en las montañas nevadas, una pequeña localidad con un gran secreto o las oscuras profundidades del océano. Una buena localización intensifica la sensación de angustia. Y saber que cualquier lugar puede esconder algo terrorífico basta para mantener vivo el temor mucho después de que hayan desaparecido los créditos.

EL HOMBRE DE MIMBRE

Rodada en localizaciones de la costa suroeste de Escocia, *El hombre de mimbre* añadió una leyenda más a este territorio salvaje donde ya se decía que merodeaban *selkies* y hadas.

AÑO
1973

LOCALIZACIÓN
ESCOCIA

El *hombre de mimbre* (basada en la novela *Ritual,* escrita por David Pinner en 1967) relata la historia de una comunidad remota que practica el paganismo en la isla ficticia de Summerisle. El director Robin Hardy necesitaba una localización igualmente aislada, y Escocia —donde aún quedaban reductos de puritanismo— era perfecta.

Aunque el relato se desarrolla en primavera, la película fue rodada en los fríos meses de octubre y noviembre. Las ramas sin hojas de los árboles habrían descubierto la trampa, de modo que el equipo tuvo que alterar el entorno natural en cada nueva localización: llevaron camiones llenos de flores de manzano falsas y pegaron hojas artificiales a los árboles desnudos. Para las escenas iniciales optaron por tomas aéreas filmadas en Sudáfrica.

El frío también resultó un problema. En el punto culminante de la película —cuando el sargento Howie, que acude a la isla en busca de una niña perdida, se encuentra finalmente con el hombre de mimbre del título—, Edward Woodward vestía solo una túnica e iba descalzo. Por supuesto, su personaje tenía mayores preocupaciones, pero el actor lo pasó mal. Entre tomas, corría hacia la actriz Ingrid Pitt, que interpretaba a la bibliotecaria local, y se arropaba las manos con su falda de lana.

Para el siniestro final, el equipo de la película construyó dos hombres de mimbre: uno grande para las escenas en las que Woodward estaba en su interior y otro más pequeño para los planos generales. Las piernas del más grande se conservaron en lo alto del acantilado de

Culzean Castle, donde se rodaron los exteriores de la mansión de lord Summerisle

① Culzean Castle

El panorámico castillo de Culzean, que data del siglo XVIII, fue la opulenta residencia de lord Summerisle.

② Creetown

En la tranquila localidad costera de Creetown se encuentra el Ellangowan Hotel, un establecimiento del siglo XIX que prestó su interior al *pub* Green Man.

El Creetown Heritage Museum, dedicado a la historia local, no aparece en la película, pero incluye una muestra sobre ella en la que hay un pequeño hombre de mimbre.

⑥ Kirkcudbright

La iglesia a la que entra Howie al inicio del filme está en esta pintoresca localidad, al igual que la oficina de correos de May Morrison, filmada en 84 High Street.

③ St Ninians Cave

La procesión del primero de mayo, en la que Howie se infiltra, finaliza en esta cueva. Aquí es donde encuentra a Rowan, la niña perdida, y trata de rescatarla.

④ Burrow Head

Los dos hombres de mimbre se alzaban en el acantilado de Burrow Head, mirando hacia el mar de Irlanda. Han desaparecido ambos y la zona es hoy un aparcamiento para caravanas.

⑤ Anwoth Old Kirk

Howie recorre los restos del cementerio de la iglesia, que ha cambiado poco desde la década de 1970. Enfrente se halla el edificio que alberga la escuela de Summerisle.

Mapa

ESCOCIA

Firth of Clyde

① Culzean Castle
Dalmellington
Girvan

Newton Stewart
Stranraer
Creetown ②
③ St Ninians Cave ④ Burrow Head
Luce Bay
Anwoth Old Kirk
⑤ Kirkcudbright ⑥
Castle Douglas
Dumfries
Gretna
Solway Firth

INGLATERRA

Burrow Head hasta 2006, año en que alguien las serró. Por desgracia, lo único que queda ahora es la base de hormigón.

Cuando se estrenó en 1973, *El hombre de mimbre* recibió escaso apoyo del estudio, que la presentó en un programa doble junto a otra película de terror británica, *Amenaza en la sombra (p. 124)*. El actor Christopher Lee (que no había cobrado por su interpretación de lord Summerisle para que la película saliera adelante) se enfureció y defendió la película siempre que tuvo oportunidad. Como el sargento Howie descubrió, con lord Summerisle no se juega —*El hombre de mimbre* ha pasado a la historia del cine como una película de culto—

El Ellangowan Hotel apareció en el filme como el *pub* Green Man.

STRANGER THINGS

La localidad ficticia de Hawkins, en Indiana (en realidad, la encantadora Jackson de Georgia), es el epicentro del misterioso mundo de *Stranger Things,* un lugar continuamente acosado por el Otro Lado.

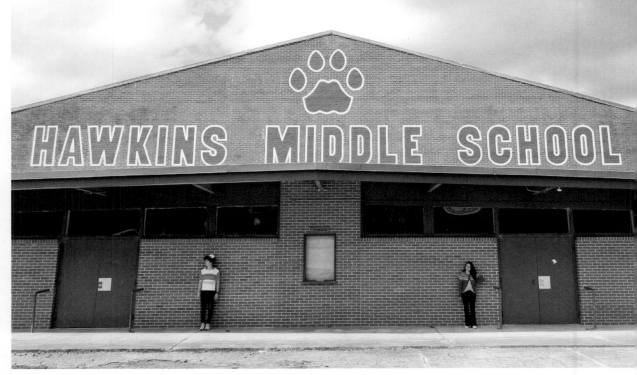

El instituto de Hawkins es la escuela para adultos Patrick Henr

AÑO
2016–

LOCALIZACIÓN
GEORGIA, EE. UU.

Resulta difícil imaginar el panorama televisivo actual sin *Stranger Things*. Esta exitosa serie de Netflix —que sigue a un grupo de amigos mientras se enfrentan a fuerzas malignas procedentes de una dimensión paralela (el Otro Lado)— convirtió a su elenco de jóvenes actores en estrellas internacionales, y recuperó la moda y la música de la década de 1980. Los personajes y las tramas de la serie han cautivado a infinidad de fans, pero la ciudad ficticia de Hawkins, en Indiana, también ha sido muy importante para el éxito internacional de *Stranger Things*.

Butts County Courthouse, o la biblioteca de Hawkins, donde Hopper busca información en la temporada 1

EL PROYECTO MONTAUK

En un principio *Stranger Things* iba a titularse Montauk, en referencia al proyecto Montauk. Esta teoría conspirativa —sobre experimentos para controlar la mente realizados por el gobierno en Montauk— surgió en la década de 1980 y fue la base del argumento de *Stranger Things*.

Los hermanos Matt y Ross Duffer, creadores de la serie, querían rodar en Long Island, donde se encuentra el pueblo costero de Montauk (escenario del guion original), pero no tardaron en decantarse por la zona de Atlanta, que les recordaba su infancia en el sur. Aquí se toparon con Jackson, una pequeña localidad a menos de 80 km de la ciudad, con un denso bosque alrededor y el ambiente de «un típico pueblo estadounidense»; el último lugar en el que se esperaría que apareciera el mal o se desarrollaran experimentos secretos. Una vez elegida la localización, el diseñador de producción Chris Trujillo y su equipo se pusieron manos a la obra para que Jackson retrocediera hasta la década de 1980. Buscaron objetos antiguos en subastas de patrimonio y consiguieron la caravana de Hopper por solo un dólar.

La 2nd Street de Jackson, con sus pintorescos escaparates y aceras arboladas, se convirtió en el centro de Hawkins. Aquí se encuentran Melvald's General Store y Radio Shack, donde trabajan Joyce Byers y el «superhéroe» Bob Newby. Los edificios son en realidad una pizzería de Papa Johns y un pequeño bar de zumos, adaptados para la serie.

Las dos primeras temporadas de *Stranger Things* se desarrollaron en Hawkins,

La arbolada vía
de Stone Mountain,
que aparece en
la temporada 1

pero las siguientes salieron de la ciudad. El principal escenario de la tercera entrega era un centro comercial, habitual lugar de encuentro de los jóvenes en la década de 1980. El equipo de producción buscó uno medio abandonado para construir un set digno de un enfrentamiento entre Once (que domina la psicoquinesia) y el Azotamentes (un malvado monstruo del Otro Lado). El Gwinnett Place, más o menos a una hora al norte de Jackson, era perfecto. En diez semanas, transformaron el lugar en el Starcourt Mall, pintando antiguas estructuras y cubriendo espacios vacíos con luces de neón. El equipo creó también 40 negocios nuevos, entre ellos el Star Cinemas. Las tiendas estaban bien abastecidas por si surgía una necesidad —como así fue—.

En el episodio 2 de la temporada 3, Once y Max disfrutan de una divertida sesión de compras.

La serie siguió estrenando exitosas temporadas y las localizaciones se expandieron por otros estados de Estados Unidos. La ciudad de Albuquerque, en Nuevo México, se convirtió en la californiana Lenora Hills, la localidad en el desierto a la que se mudan Once y los Byers para empezar una nueva vida en la temporada 4. Sin embargo, la base de cada temporada sigue girando en torno a Hawkins. Con la última entrega de *Stranger Things* finalizará la lucha contra el Otro Lado, pero Jackson permanecerá ahí para quienes deseen colarse por la madriguera del conejo (o más bien, por un fangoso portal en un árbol).

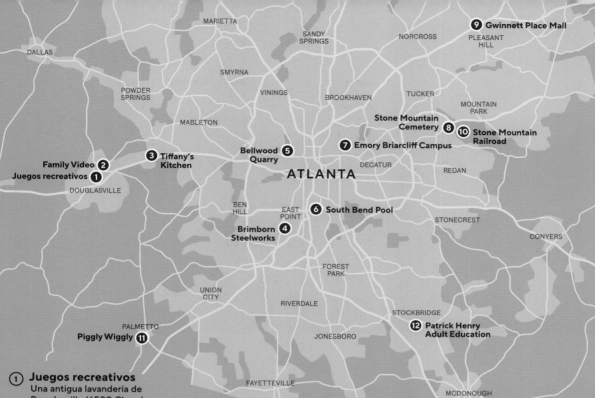

MARIETTA

SANDY SPRINGS

NORCROSS

⑨ Gwinnett Place Mall

PLEASANT HILL

DALLAS

SMYRNA

VININGS

BROOKHAVEN

TUCKER

MOUNTAIN PARK

POWDER SPRINGS

MABLETON

Stone Mountain Cemetery ⑧ ⑩ Stone Mountain Railroad

Family Video ② ③ Tiffany's Kitchen

Bellwood Quarry ⑤

⑦ Emory Briarcliff Campus

Juegos recreativos ①

ATLANTA

DECATUR

REDAN

DOUGLASVILLE

BEN HILL

EAST POINT

⑥ South Bend Pool

STONECREST

CONYERS

Brimborn Steelworks ④

FOREST PARK

STOCKBRIDGE

UNION CITY

RIVERDALE

PALMETTO

⑫ Patrick Henry Adult Education

Piggly Wiggly ⑪

JONESBORO

FAYETTEVILLE

MCDONOUGH

① **Juegos recreativos**
Una antigua lavandería de Douglasville (6500 Church Street) se convirtió en la sala de juegos recreativos de la temporada 2.

② **Family Video**
Robin y Steve trabajan en este videoclub, junto a la sala de juegos recreativos, en la temporada 4.

③ **Tiffany's Kitchen**
Once se cuela en Benny's Burgers en la temporada 1. Se puede tomar una hamburguesa en el mismo lugar, hoy Tiffany's Kitchen.

④ **Brimborn Steelworks**
En la temporada 3, el Azotamentes ataca al hermano de Max en este lugar.

⑤

Bellwood Quarry
Once exhibe sus poderes en esta cantera en la temporada 1.

⑥

South Bend Pool
En la temporada 3 Billy trabaja en la piscina municipal de Hawkins, rodada en la South Bend Pool.

⑦

Emory Briarcliff Campus
Este enorme edificio es el Laboratorio Nacional de Hawkins, donde Once abre la puerta hacia el Otro Lado. Está proyectado demolerlo en un futuro no muy lejano.

⑧ **Stone Mountain Cemetery**
Vecna ataca a Max mientras visita la tumba de Billy en este cementerio en la temporada 4.

⑨

Gwinnett Place Mall
El abandonado Gwinnett Place Mall se convirtió en el Starcourt Mall.

⑩ **Stone Mountain Railroad**
En homenaje a *Cuenta conmigo*, basada en un relato de Stephen King, los chicos caminan por esta vía en la temporada 1.

⑬ Jackson

⑪ **Piggly Wiggly**
Once roba en esta tienda de Palmetto en la temporada 1. Hay carteles y fotografías que indican dónde se desarrolló la escena.

⑫ **Patrick Henry Adult Education**
Esta escuela para adultos, ahora cerrada, se convirtió en el colegio y el instituto de Hawkins; está proyectado demolerla.

⑬ **Jackson**
Esta ciudad se convirtió en Hawkins (Indiana). Melvald's General Store, donde trabaja Joyce, está en 4 2nd Street y Radio Shack se encuentra en 11 2nd Street.

La Salzspeicher de Lübeck, hogar de Nosferatu

NOSFERATU

Esta película muda de terror, un clásico del cine expresionista alemán, se apoya en la increíble interpretación de Max Shreck y en una serie de espectaculares localizaciones de rodaje góticas.

AÑO
1922

LOCALIZACIÓN
ALEMANIA, ESLOVAQUIA

El director de *Nosferatu,* F. W. Murnau, ha resultado tan difícil de matar como su villano. Se suponía que todas las copias de su adaptación no autorizada de *Drácula* habían sido destruidas después de que la viuda de Bram Stoker (autor de la novela) ganara una demanda por plagio contra los productores. Pero sobrevivieron algunas copias incompletas, que fueron restauradas posteriormente.

Muchas de las localizaciones del filme también siguen en pie, a pesar de tener cientos de años. La Salzspeicher de Lübeck fue la residencia gótica del conde Orlok (el vampiro Nosferatu), con sus oscuras ventanas y sus sombrías escaleras.

Este peculiar edificio de ladrillo data de 1579 y en su origen se usó como almacén de sal. Desde entonces ha sido transformado en un centro comercial, así que tal vez haya que abrirse paso entre percheros de ropa para ver las famosas ventanas desde las que el conde espía a Ellen, la esposa de Hutter.

El castillo de Nosferatu en Transilvania era en realidad el castillo de Orava, en Eslovaquia. Construido en el siglo XIII, se alza en lo alto de una formación rocosa sobre el río Orava. Primero fue una fortaleza y luego se transformó en vivienda y museo. Puede que Orlok haya sido el primer vampiro en sucumbir a la luz del sol, pero otras cosas parecen eternas.

LA NOCHE DE LOS MUERTOS VIVIENTES

George A. Romero solo necesitó una granja en Pensilvania y un cementerio tranquilo para redefinir por completo el género de zombis con este moderno relato de terror.

¿LO SABÍAS?

JOHN RUSSO

El coescritor John Russo interpretó a un *gul* —se ofreció voluntario para que le prendieran fuego y atribuyó su caminar de zombi a una buena resaca—.

HALLOWEEN

Cada año a finales de octubre, Evans City celebra fiestas dedicadas a *La noche de los muertos vivientes*.

AÑO
1968

LOCALIZACIÓN
PENSILVANIA, EE. UU.

La película de culto *La noche de los muertos vivientes* presenta a una horda de *guls* (el director George A. Romero jamás los llamó zombis) recorriendo con total libertad poblaciones rurales de Estados Unidos. El presupuesto para la película era bajo y el equipo tenía poca experiencia, pero esto no impidió que Romero y sus amigos, el escritor John Russo y el productor Russell Streiner, crearan un clásico.

La noche de los muertos vivientes se filmó en los alrededores de Evans City, en Pensilvania, no muy lejos del lugar de trabajo de los creadores en Pittsburgh. Les gustó la sensación de encontrarse en medio de ninguna parte, y tampoco tenían dinero para crear los enormes sets de las películas de Hammer Horror. La modesta localidad de Evans City, con sus extensos campos de cultivo y sus antiguas granjas, tendría que valer.

En la tensa escena inicial, los hermanos Barbra y Johnny son atacados por un desaliñado vecino en el aislado cementerio de Evans City. Elegido por ser un lugar discreto, lejos de las miradas de los curiosos o la policía, el cementerio se ha convertido en la localización más famosa de la película (es también el único escenario principal que se conserva). La lápida a la que Barbra se aferra en la primera secuencia y la capilla del cementerio son ahora destinos populares entre los cinéfilos. La granja de Ash Stop Road (donde Barbra y sus compañeros tratan, sin éxito, de encontrar refugio) fue seleccionada como otra de las localizaciones del filme porque iba a ser demolida poco después del rodaje. Esto dio libertad al director y a su reparto de actores aficionados para ambientarla a su antojo con amasijos de tripas (jamón del carnicero local), sangre (sirope de chocolate) y puertas rotas. Aunque no se excedieron, ya que parte del equipo se alojó en ella durante el rodaje.

En la segunda película de Romero, *Zombi* (1978), la acción se trasladó al Monroeville Mall, en Pensilvania. Claramente, ni el campo ni la ciudad están a salvo de los mortíferos *guls*.

OAKLEY COURT

Con sus espeluznantes gárgolas y su elevada torreta, esta mansión gótica podría haber salido directamente de una película de terror. De hecho, ha aparecido en más de una.

A pesar de su tranquila ubicación en el Berkshire rural, en Inglaterra, Oakley Court presenta un aspecto siniestro. Hay quienes lo atribuyen a los fantasmas que supuestamente habitan la casa, pero su inquietante ambiente se debe más a su relación con Hammer Horror. Este estudio cinematográfico, fundado en 1934, se hizo famoso con sus extravagantes películas de terror, muchas de ellas rodadas en esta mansión victoriana. Dos de las más famosas son *La maldición de Frankenstein* (1957) y *Drácula* (1958). Ambos filmes tuvieron un gran éxito en taquilla, lo que captó la atención del público y afianzó a Hammer como el especialista del terror.

Oakley Court ha pasado de ser la casa de Hammer a un hotel de lujo, perdiendo así parte del factor miedo, pero contemplar su exterior gótico en una noche oscura sigue bastando para asustar a cualquiera.

LAS NOVIAS DE DRÁCULA
(1960) ▶

En la secuela de *Drácula*, Van Helsing (interpretado por Peter Cushing) ve escapar al vampiro en un carruaje desde el exterior de la mansión.

LA MALDICIÓN DE FRANKENSTEIN (1957)

En esta película, la primera incursión de Hammer en el terror gótico, el Barón y el doctor Krempe regresan a Oakley Court tras matar a la criatura y enterrarla en el bosque.

THE ROCKY HORROR PICTURE SHOW (1975) ▶

Muchas escenas de esta película de culto se rodaron en Oakley Court, convertida en el castillo del doctor Frank N. Furter (también conocido como Frankenstein Place).

MUMSY, NANNY, SONNY, AND GIRLY (1970)

Esta comedia de terror se escribió pensando en Oakley Court, un edificio muy querido por el director Freddie Francis, que lo aprovechó al máximo en sus escenas.

TIBURÓN

Rodada en la isla de Martha's Vineyard, un popular destino de vacaciones, esta película de suspense de Steven Spielberg se convirtió en el primer taquillazo del cine moderno —aterrorizando al público—.

AÑO
1975

LOCALIZACIÓN
MASSACHUSETTS, EE. UU.

Pocas películas han tenido tanto impacto cultural como *Tiburón.* El relato de Steven Spielberg sobre un gran tiburón blanco que provoca el pánico en una pequeña localidad costera despertó el miedo al mar a generaciones de espectadores. Los tiburones se volvieron una de las peores amenazas en las películas de terror, a pesar de que apenas aparecen en el filme; en cualquier caso, la siniestra melodía de dos notas compuesta por John Williams bastaba para provocar escalofríos. Y la ubicación de la película en un pintoresco pueblo costero tampoco ayudó. *Tiburón* convirtió el típico lugar de vacaciones en una pesadilla.

Al igual que la popular novela de Peter Benchley, *Tiburón* se desarrolla en la ciudad ficticia de Amity. Aunque el autor imaginó esta atractiva localidad en Long Island, Spielberg decidió rodar más al norte, en Edgartown. Este llamativo pueblo situado en Martha's Vineyard era idóneo por su ambiente turístico y sus aguas poco profundas, que permitieron filmar las escenas con un tiburón mecánico —dos artilugios llamados Bruce— lejos de tierra y sin adentrarse en las profundidades del mar.

Tiburón fue la primera gran producción rodada en el océano, por lo que era inevitable que las cosas se torcieran un poco. Los tiburones sufrían constantes fallos mecánicos y tenían un aspecto tan poco convincente que Spielberg tuvo que reducir su tiempo en pantalla, en

La pintoresca localidad de Edgartown, Amity en la película

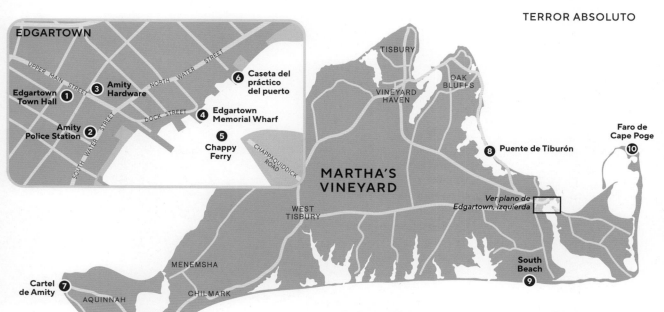

EDGARTOWN

- UPPER MAIN STREET
- NORTH WATER STREET
- DOCK STREET
- SOUTH WATER STREET
- CHAPPAQUIDDICK ROAD

① Edgartown Town Hall
② Amity Police Station
③ Amity Hardware
④ Edgartown Memorial Wharf
⑤ Chappy Ferry
⑥ Caseta del práctico del puerto

TISBURY

OAK BLUFFS

VINEYARD HAVEN

MARTHA'S VINEYARD

WEST TISBURY

MENEMSHA

AQUINNAH

CHILMARK

⑦ Cartel de Amity

⑧ Puente de Tiburón

Ver plano de Edgartown, izquierda

South Beach **⑨**

Faro de Cape Poge **⑩**

beneficio de la película. Para empeorar la situación, el tiempo cambió y deterioró aún más los tiburones. El rodaje se prolongó 159 días (en vez de los 55 planeados) y se comió el presupuesto con más voracidad que un tiburón blanco. La dilatada filmación supuso también que Robert Shaw y Richard Dreyfuss (cuya relación en el set estaba lejos de ser amistosa) tuvieran que estar juntos el triple del tiempo esperado. Su enemistad fue tan notoria que el hijo de Richard, Ian, escribió una obra de teatro sobre ella titulada *El tiburón está roto*.

Contra todo pronóstico, *Tiburón* se finalizó y se convirtió en la película más taquillera de todos los tiempos —hasta el estreno de *Star Wars* (p. 166) unos años después—. Aunque *Tiburón* impulsó la carrera de Spielberg, no es su trabajo favorito, y sería más fácil encontrarse con un tiburón en la costa de Martha's Vineyard que con el director; seguramente él no recomendaría a nadie rodar en el océano.

① **Edgartown Town Hall**
Este edificio se convirtió en el ayuntamiento de Amity, adonde llega el cazador de tiburones Quint.

② **Amity Police Station**
La comisaría de Amity ocupaba un edificio en la intersección de Davis Lane y South Water Street.

③ **Amity Hardware**
Esta tienda estaba en 55 Main Street. Brodie entra a comprar materiales para preparar carteles de «Playa cerrada».

④ **Edgarton Memorial Wharf**
Aquí es donde Hooper comenta que los marineros mal preparados «van a morir todos».

⑤

Chappy Ferry
El jefe de policía Brody y el alcalde se reúnen en este ferri para hablar sobre los ataques de tiburón.

⑥ **Caseta del práctico del puerto**
Un tiburón tigre se cuelga junto a la caseta del práctico, ubicada en Morse Street.

⑦ **Cartel de Amity**
Este cartel lleno de pintadas se instaló en el mirador de los Aquinnah Cliffs.

⑧ **Puente de Tiburón**
El jefe de policía Brodie atraviesa corriendo este puente entre Sengekontacket Pond y el océano para salvar a su hijo del tiburón.

⑨

South Beach
En la escena inicial aparece Chrissie dándose un baño, del que nunca regresa, junto a South Beach.

⑩ **Faro de Cape Poge**
La escena de los supervivientes regresando a la orilla fue rodada en la isla Chappaquiddick, cerca de este faro.

La Going-tõthe-Sun Road en la escena inicial de la película

EL RESPLANDOR

El amenazante paisaje del Glacier National Park proporcionó la introducción perfecta a este clásico del terror que relata la historia de la familia Torrance, atormentada por fuerzas sobrenaturales en el Overlook Hotel.

AÑO
1980

LOCALIZACIÓN
**MONTANA Y
OREGÓN, EE. UU.**

La adaptación de Stanley Kubrick de la novela *El resplandor,* escrita por Stephen King, podría ser una de las mejores películas de terror psicológico que existen, aunque su realización fue complicada. El rodaje duró más de un año debido a la metódica forma de trabajo del director, que implicaba largos ensayos y repetición de tomas. Exigiendo la perfección a sus actores, Kubrick pulverizó el récord Guinness de mayor número de tomas de una escena con diálogo: realizó 148 para clavar la escena en la que el pequeño Danny Torrance y el jefe de cocina del hotel, Dick Hallorann, hablan sobre «el resplandor». La de Wendy tratando de golpear a su esposo Jack con un bate ocupó el segundo lugar con 127 tomas.

Las secuencias interiores se filmaron en Elstree Studios, cerca de la residencia de Kubrick en Inglaterra. Las exteriores fueron rodadas por un equipo en Estados Unidos, ya que Kubrick se negaba a volar. Las imágenes iniciales de la Going-tõthe-Sun Road se tomaron en el vasto Glacier National Park, y para el estremecedor hotel Overlook se usó el Timberline Lodge *(p. 92)* de Oregón. La dirección del hotel solicitó a Kubrick que no mostrara la habitación 217 (la que aparece en el libro), por temor a que eso ahuyentara a los huéspedes, de modo que se usó la inexistente 237. Es curioso que la 217 sea hoy la habitación más solicitada del hotel, aunque lo más seguro es que no haya una espeluznante mujer en la bañera.

IT

Para crear la pequeña localidad de la novela de Stephen King, el equipo de producción se desplazó hacia las afueras de Toronto hasta la elegante Port Hope, marco idóneo para el terrorífico mundo de Pennywise.

AÑO
2017, 2019

LOCALIZACIÓN
PORT HOPE, CANADÁ

Según la mitología de Stephen King, el mal ancestral reaparece cada 27 años. Y como un reloj, una adaptación cinematográfica en dos partes del libro de King llegó en 2017 —27 años después de que el payaso interpretado por Tim Curry aterrorizara a los espectadores de la serie de televisión de 1990—.

La historia de King se desarrolla en la localidad ficticia de Derry, inspirada en Bangor (Maine), su ciudad natal. Parecía lógico rodar ambas películas en Bangor, e incluso se buscaron localizaciones en ella, pero el presupuesto encaminó el filme hacia otro lugar. Se eligió finalmente la localidad canadiense de Port Hope, atractiva y modesta, como marco para el ente transdimensional que es It (para los niños de Derry aparece como el malvado payaso Pennywise).

Para que It resultara más aterrador, los adolescentes que interpretaron al Club de los Perdedores (el grupo de marginados de Derry) permanecieron apartados de Bill Skarsgård (Pennywise) durante gran parte de la producción. Así, en las escenas en las que por fin se encuentran con él, sus reacciones de terror ante la inquietante interpretación de Skarsgård fueron genuinas.

Afortunadamente, Port Hope no es tan terrorífica, pero ha aprovechado su relación con el género de terror y ofrece paseos guiados por las diversas localizaciones de It en la ciudad.

❶ Quality Meats
26 Walton Street es la ubicación de Quality Meats. La puerta trasera de la carnicería y el siniestro mural de Derry siguen en el callejón vecino.

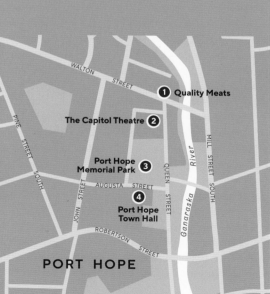

❹ Port Hope Town Hall
El ayuntamiento de Port Hope se convirtió en la biblioteca de Derry, donde Ben investiga la siniestra historia de la ciudad.

❷ The Capitol Theatre
Este teatro es el cine de Derry. Aquí es donde Richie juega con las máquinas recreativas en la primera película.

❸ Port Hope Memorial Park
En It: Capítulo 2, la gigantesca estatua del leñador Paul Bunyan que se alza en este parque es poseída por Pennywise.

WALTON STREET
❶ Quality Meats
The Capitol Theatre ❷
Port Hope Memorial Park ❸
PINE STREET SOUTH
JOHN STREET
AUGUSTA STREET
QUEEN STREET
Ganaraska River
MILL STREET SOUTH
❹ Port Hope Town Hall
ROBERTSON STREET

PORT HOPE

UN HOMBRE LOBO AMERICANO EN LONDRES

Londres acapara toda la atención en esta película de licántropos,
en la que el protagonista huye de los amenazantes páramos de Yorkshire
(en realidad, las montañas de Gales) para enfrentarse al terror en la capital.

AÑO
1981

LOCALIZACIÓN
INGLATERRA, GALES

*U*n hombre lobo americano en Londres, el clásico de John Landis de la década de 1980, se desarrolla principalmente en la capital británica, pero no es en ella donde comienza la pesadilla. El primer encuentro de los desafortunados mochileros con un hombre lobo se produce en los páramos de Yorkshire —en realidad, las Black Mountains de Gales—. El pueblo de Crickadern se convirtió en el ficticio East Proctor, y para el exterior del *pub* El Cordero Degollado se usó una casa de la localidad. La zona puede parecer lúgubre en la película, pero el tiempo fue sorprendentemente bueno para Gales cuando el equipo empezó a rodar en febrero —Landis tuvo que utilizar máquinas de lluvia para crear el ambiente que deseaba—.

Una vez que la acción se traslada a Londres, la mayoría de los lugares que aparecen en pantalla son escenarios reales. David Naughton, el actor que interpreta al hombre lobo David Kessler, salió realmente de la jaula de los lobos en el zoo de Londres. (Por suerte, los animales acababan de comer y solo fue necesaria una toma). Y el pobre viajero que es atacado por la bestia está corriendo por la verdadera estación de Tottenham Court Road.

La localización más sorprendente de la película tal vez sea Piccadilly Circus. Ningún equipo cinematográfico había obtenido antes permiso para cerrar esta céntrica intersección, pero Landis guardaba un as en la manga. Al haber trabajado con la policía en su anterior película, *The Blues Brothers: Granujas a todo ritmo,* el director sabía cómo ganarse al cuerpo. Organizó una proyección especial del filme para unos 300 agentes y la policía Metropolitana le dejó rodar en el lugar unos instantes a primera hora de la mañana.

Aunque Londres ha cambiado mucho desde el rodaje de Landis, hay una localización que conserva más o menos el aspecto de la década de 1980: Trafalgar Square. Hay que obviar el moderno Fourth Plinth y centrarse en la columna de Nelson, pero se puede admirar parte del Londres que David no fue capaz de apreciar por estar ocupado devorándolo.

La estación de Tottenham Court Road, un mal lugar para ser perseguido por un hombre lobo

EN EL METRO

La vasta red de metro de Londres ha aparecido en varias películas a lo largo de los años.

28 DÍAS DESPUÉS
(2002)

Jim desciende las escaleras mecánicas vacías de la enorme estación de metro de Canary Wharf en esta aclamada película de zombis de Danny Boyle.

EXPIACIÓN
(2007)

En una desgarradora escena, Cecilia Tallis se refugia del bombardeo aéreo en la estación de Balham. Se rodó en Aldwych, una estación de metro cerrada desde la década de 1990.

THOR: EL MUNDO OSCURO
(2013)

El dios del trueno sube al metro en una escena geográficamente confusa, rodada en un andén en desuso de Charing Cross. No hay que creer a quien afirme que Greenwich está a solo tres estaciones de aquí.

1 Tottenham Court Rd

En esta estación de metro se filmó la escena del pasajero nocturno, cuya persecución comienza en el andén 3.

2 Piccadilly Circus

David se convierte en hombre lobo en un cine para adultos (que ya no existe) situado en esta bulliciosa intersección.

4 Clink St

La escena final se rodó bajo el puente ferroviario de Clink Street. Se colocó un muro falso en el centro para crear un callejón sin salida.

5 Piso de Alex Price

Alex lleva a David a su piso de Coleherne Road, en Chelsea, una zona residencial que se ha vuelto increíblemente cara.

3 Trafalgar Square

Tras matar a numerosas personas la noche anterior, David trata sin éxito de que la policía le detenga en la señorial Trafalgar Square de Londres.

CAMDEN

Regent's Park

MARYLEBONE

BLOOMSBURY

Tottenham Court Rd 1

LONDRES

BAYSWATER

SOHO

COVENT GARDEN

CITY

Piccadilly Circus 2

NOTTING HILL

Hyde Park

MAYFAIR

Río   Támesis

3 Trafalgar Square

Clink St 4

SOUTHWARK

BERMONDSEY

ROTHERHITHE

BELGRAVIA

WESTMINSTER

Piso de Alex Price 5

CHELSEA

PIMLICO

Río   Támesis

Battersea Park

EN LAS VÍAS

Hombres lobo, zombis y dioses han convertido el metro de Londres en una estrella del cine, y no es el único que sale en pantalla. En infinidad de películas aparecen estaciones ferroviarias. ¡Todos al tren!

PADDINGTON STATION, INGLATERRA

Muchas estaciones londinenses se han convertido en elementos habituales de las películas —como King's Cross en *Harry Potter (p. 74)* o Waterloo en *El ultimátum de Bourne*—, pero pocas han aparecido tanto como Paddington. Esta bulliciosa estación sale en filmes variados, desde la policíaca *Crimen organizado* (2004) hasta la comedia romántica de Richard Curtis *Una cuestión de tiempo* (2013). Y, por supuesto, en *Paddington (p. 80).*

METRO DE NUEVA YORK, EE. UU.

Siempre hay escenas de regreso a casa o de huida que necesitan una estación, y el metro de Nueva York hace la competencia al de Londres como el más visto en pantalla. Algunos momentos clave del *thriller* de acción *Los amos de la noche* (1979) se rodaron en las estaciones de Union Square y 72nd Street, mientras que Court Street, una estación en desuso de Brooklyn, aparece en *Contra el imperio de la droga (p. 198)* y *Pelham 1, 2, 3* (1974).

JODHPUR, INDIA

En la comedia dramática de Wes Anderson *Viaje a Darjeeling* (2007), las escenas del tren se filmaron a las afueras de la ciudad de Jodhpur, en vías en uso; el rodaje se vio a menudo interrumpido por los trenes que pasaban. El equipo de producción preparó el tren que aparece en la película de forma meticulosa: cambiaron el interior de 10 vagones y aseguraron al techo unos raíles para que la cámara pudiera desplazarse sin usar una plataforma móvil.

GRAND CENTRAL TERMINAL, EE. UU.

Después de aparecer en infinidad de películas, está claro que el enorme vestíbulo de la estación Grand Central Terminal adora la cámara. Sirvió de escenario a los tiroteos de *Atrapado por su pasado* (1993) y *Soy leyenda* (2007), y al memorable vals de *El rey pescador,* un delirio de Terry Gilliams de 1991. ¿Su mejor actuación? Tal vez como guarida de Lex Luthor en *Superman (p. 34).*

ESTACIÓN DE LA CIOTAT, FRANCIA

En esta estación próxima a Marsella se ha grabado un único filme de 50 segundos, pero le ha asegurado un lugar en la historia del cine. Rodado por los hermanos Lumière con su cinematógrafo (una cámara y proyector de imágenes en movimiento), este corto de un tren de vapor entrando en la estación fue la primera aparición de un tren en una película.

1 Estatua del oso Paddington en la estación homónima

2 Andén del metro de Nueva York

3 Los tres hermanos corriendo para subir al tren en *Viaje a Darjeeling*

4 El vestíbulo principal de Grand Central Terminal

5 Estación de La Ciotat, cerca de Marsella

1

2

3

4

5

EL EXORCISTA

El relato de la posesión de Regan McNeil por un antiguo demonio,
a menudo considerada la película más terrorífica de la historia, convirtió
la conservadora ciudad de Georgetown en un lugar de pesadilla.

AÑO
1973

LOCALIZACIÓN
**ESTADOS UNIDOS,
IRAK**

Las películas no siempre mantienen los escenarios de las obras en las que se basan, pero la aterradora adaptación de *El exorcista,* realizada por el director William Friedkin, sí lo hizo. Al igual que la novela de William Peter Blatty, la película se desarrolla en Georgetown (Washington, DC). El autor eligió deliberadamente este remilgado barrio para que contrastara con la temática del libro: la posesión demoníaca de Regan McNeil. Durante las reuniones preliminares, Blatty rechazó a un primer director que quiso trasladar la historia a Salem, la infame (y estereotipada) capital de las brujas de Massachusetts.

En Georgetown pueden visitarse lugares emblemáticos de *El exorcista.* La casa de los McNeil, donde la madre de Regan recibe a los sacerdotes para que exorcicen a su hija, está en 3600 Prospect Street. Y al lado se encuentra la localización más famosa del filme: la estrecha escalera por la que cae el padre Damien Karras. (Afortunadamente para el doble, se acolcharon los escalones para amortiguar la caída). Esta escalera (ahora conocida como escalera del Exorcista) ya tenía fama de terrorífica; de hecho, los habitantes la llamaban escalera de Hitchcock.

Gran parte de *El exorcista* se desarrolla en Washington, DC, pero el escalofriante prólogo fue rodado en Mosul (Irak). En la novela de Blatty, es aquí donde un sacerdote desentierra un objeto que representa al antiguo demonio Pazuzu, que luego posee a Regan. Para mantenerse fiel al libro, Friedkin viajó a

La escalera del
Exorcista, de visita
obligada para los fans
del cine de terror

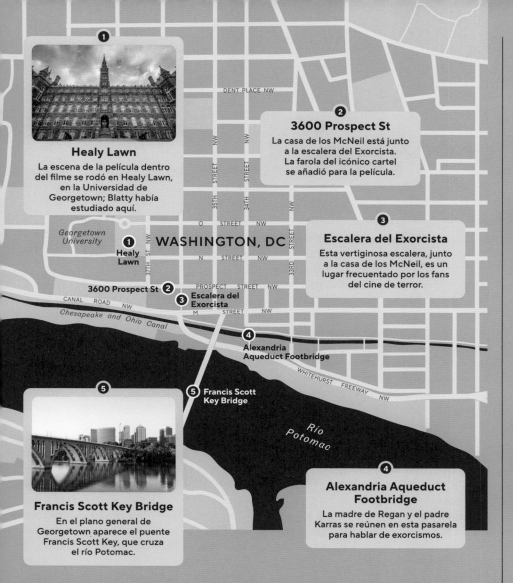

Healy Lawn

La escena de la película dentro del filme se rodó en Healy Lawn, en la Universidad de Georgetown; Blatty había estudiado aquí.

3600 Prospect St

La casa de los McNeil está junto a la escalera del Exorcista. La farola del icónico cartel se añadió para la película.

Georgetown University

WASHINGTON, DC

❶ Healy Lawn

❷ 3600 Prospect St

❸ Escalera del Exorcista

CANAL ROAD NW

Chesapeake and Ohio Canal

Escalera del Exorcista

Esta vertiginosa escalera, junto a la casa de los McNeil, es un lugar frecuentado por los fans del cine de terror.

❹ Alexandria Aqueduct Footbridge

WHITEHURST FREEWAY NW

❺ Francis Scott Key Bridge

Río Potomac

Francis Scott Key Bridge

En el plano general de Georgetown aparece el puente Francis Scott Key, que cruza el río Potomac.

Alexandria Aqueduct Footbridge

La madre de Regan y el padre Karras se reúnen en esta pasarela para hablar de exorcismos.

ESCALERAS FAMOSAS EN EL CINE

La escalera del Exorcista tal vez incluya el factor miedo, pero no es la única escalera famosa gracias al cine.

ROCKY

Philadelphia Museum of Art, Filadelfia, EE. UU.

Miles de turistas emulan cada año a Rocky subiendo los 72 escalones de esta escalera, donde puede verse una estatua del boxeador.

JOKER

Anderson Avenue, 167th St, Nueva York, EE. UU.

El Joker de Joaquin Phoenix desciende bailando esta escalera del Bronx. La escena no tardó en hacerse viral y la escalera es ahora un reclamo turístico.

JUEGO DE TRONOS

Escalera de los Jesuitas, Dubrovnik, Croacia

No hay nada aparentemente «vergonzoso» en esta preciosa escalera barroca en la que se castiga públicamente a Cersei Lannister.

Irak, impávido ante los disturbios en el país y las sofocantes temperaturas. Debido a las malas relaciones diplomáticas entre Estados Unidos e Irak, tuvo que negociar él mismo las condiciones del rodaje. Los funcionarios iraquíes le permitieron filmar siempre que empleara a trabajadores de la zona y diera clases de cine a los locales.

Tras su estreno, la película adquirió mala fama (los desmayos de espectadores eran habituales), pero ya parecía maldita durante la realización. Aparte de los problemas en Irak, varios actores sufrieron lesiones graves en el set y hubo misteriosos incendios. Uno destruyó el interior de la casa de los McNeil (un decorado en Nueva York). La habitación de Regan, sin embargo —que se mantenía a baja temperatura para que se viera el aliento de los actores—, quedó intacta.

Resulta curioso que Blatty nunca considerara *El exorcista* como una historia de terror. Aunque seguramente discrepen aquellos que tratan de olvidar la imagen de la cabeza de Regan girando.

MIDSOMMAR

Hay pocas películas de terror que se parezcan a *Midsommar*. En lugar de callejones oscuros o caserones tenebrosos, la segunda película de Ari Aster, rodada en su mayoría en la campiña húngara, es una pesadilla soleada.

AÑO
2019

LOCALIZACIÓN
BUDAPEST, HUNGRÍA

Dentro de las historias de rupturas, *Midsommar*, de Ari Aster, podría ser la más turbadora (y esperemos que la menos común). Este cuento de terror contemporáneo acompaña a Dani y Christian, una pareja en crisis, a una celebración del solsticio de verano en Suecia. Sin embargo, los acontecimientos dan un giro inesperado cuando descubren que se han topado con una siniestra secta pagana aficionada a los sacrificios humanos.

Aunque *Midsommar* se desarrolla en Suecia, el rodaje tuvo lugar en Hungría. Este país es muy popular entre los equipos cinematográficos debido a sus generosos incentivos fiscales *(Viuda negra (p. 29)* y *Dune (p. 158)* también se filmaron aquí), y estéticamente los boscosos alrededores de Budapest ofrecían el escenario idóneo para el festival pagano de Aster. El director y el diseñador de producción Henrik Svensson buscaron durante dos meses el lugar ideal para albergar la siniestra trama de la película, finalmente desarrollada cerca de un aeródromo en Budakeszi (a solo 20 minutos en coche del centro de la ciudad). Svensson dedicó después otros dos meses a construir allí una comuna de aspecto sueco. Los interiores pintados de los edificios se inspiraron en las granjas de Hälsingland, en Suecia, declaradas patrimonio de la humanidad. Fuera del set, la cercana Régi kőbánya (cantera antigua) sirvió de escenario al crucial *ättestupa* (suicidio ritual) de la película.

Al término de la producción, se desmanteló el decorado del festival y el templo de la secta, al igual que en la película, fue pasto de las llamas. Por tanto, el lugar de rodaje en Budakeszi resultará interesante solo para los fans más incondicionales. Quienes deseen participar en un verdadero festival de *midsommar* pueden acudir a los que se celebran en Suecia, mucho más agradables que el de la película.

El pintoresco Budakeszi, lugar perfecto para un festival de *midsommar*

SANTA CRUZ

① Cliff St
La casa que alquila la familia Wilson está en Cliff St, justo detrás del Boardwalk.

① Cliff St
The Boardwalk ④
⑤ East Cliff Dr
Laberinto de espejos ②
Santa Cruz Beach ③

Neary Lagoon Park

Cowell Beach

Municipal Wharf

Twin Lakes Beach

Océano Pacífico

② Laberinto de espejos
En un *flashback,* Adelaide deambula por el laberinto de espejos, un set que se construyó en la playa.

③ Santa Cruz Beach
Antes de toparse con sus dobles malvados, los Wilson se relajan en la playa de Santa Cruz.

⑤ East Cliff Dr
La familia Wilson ve un *doppelgänger* de pie junto a un coche en llamas en esta panorámica carretera.

④ The Boardwalk
Este parque de atracciones aparece en el *flashback* de 1986 y sigue igual que en la película, excepto por algunos cambios en los nombres de las atracciones.

NOSOTROS

Se supone que los parques de atracciones son divertidos; entonces, ¿a qué vienen tantos gritos? Para la inquietante película que rodó tras *Déjame salir,* el director Jordan Peele optó por un histórico parque californiano.

AÑO
2019

LOCALIZACIÓN
CALIFORNIA, EE. UU.

Las apariencias siempre engañan en las películas de Jordan Peele: cuanto más familiar resulta algo, más siniestro probablemente se vuelva. Y así sucede en su inquietante película *Nosotros,* en la que el soleado Santa Cruz Beach Boardwalk sirve de escenario a todo tipo de horrores.

Peele tuvo claro desde el principio que la película se ambientaría y rodaría en California, como homenaje a un icono del género de terror. «Alfred Hitchcok es uno de mis directores favoritos», explicó a *Fandom,* «y el ambiente de Santa Cruz me recordó a *Los pájaros* y *Vértigo*». Elegir la zona de rodaje no fue difícil: su parque de atracciones es el más cinematográfico de la costa oeste. Este parque ha aparecido en infinidad de películas, entre ellas la comedia de vampiros de Joel Schumacher *Jóvenes ocultos* (1987). Peele hace referencia a la localización compartida en Nosotros, cuando la madre de Adelaide comenta: «están rodando algo junto al tiovivo». ¿Recuerdas a vampiro malo, interpretado por Kiefer Sutherland, y a su banda abriéndose paso entre los caballitos del tiovivo? A esa escena se refiere.

Si visitas el paseo hoy, tal vez te decepcione descubrir que el laberinto de espejos era un decorado. Afortunadamente, e castillo encantado, que aparece brevemente en pantalla, sigue provocando sustos junto a la playa.

AMENAZA EN LA SOMBRA

La adaptación que hizo Nicolas Roeg del relato corto de Daphne DuMaurier es un *thriller* sobrenatural que debe buena parte de su ambiente gótico al escenario: las invernales y casi vacías calles de Venecia.

AÑO
1973

LOCALIZACIÓN
VENECIA, ITALIA; INGLATERRA

Al pensar en Venecia, vienen a la mente imágenes de plazas soleadas y bonitos canales. Algo muy distinto a lo que aparece en *Amenaza en la sombra*. La turbadora película de terror del director Nicolas Roeg presenta una versión más inquietante de esta ciudad italiana.

Tras un preludio en Hertfordshire (Inglaterra), donde la hija de John y Laura Baxter se ahoga, el filme viaja a la ciudad más bonita de Italia. Pero Roeg no se centra en la belleza obvia de Venecia, sino todo lo contrario; evita los principales monumentos de la ciudad y opta por rodar fuera de las zonas turísticas y en invierno. Sin multitudes y sumida en la niebla, Venecia adquiere un aspecto claustrofóbico y fantasmagórico. Los solitarios callejones se convierten en un perturbador laberinto en el que las fuerzas sobrenaturales parecen acechar a la pareja.

Los edificios que Roeg muestra son sencillos. Por ejemplo, la iglesia que John Baxter restaura mientras intenta superar la muerte de su hija es la de San Nicolò dei Mendicoli del siglo XII. Dio la casualidad de que estaba medio abandonada cuando se rodó la película, y el andamio que se ve estaba instalado al empezar la filmación. Como los fans recordarán, es aquí donde John Baxter está a punto de morir de una caída. La

escena no era precisamente sencilla, pero al actor Donald Sutherland no pareció preocuparle; el que aparece en pantalla es él, no un doble.

Sutherland tuvo suerte, pero John no. En el desenlace se le ve buscando por los callejones en penumbra a alguien que cree que es su hija, aunque al final del laberinto solo encuentra más muerte y tragedia. Sin duda, esta no era la imagen que los venecianos deseaban de su ciudad, y muchos temieron que *Amenaza en la sombra* alejara el turismo. Las actuales calles repletas de turistas distan mucho del inquietante sosiego de la película, lo que demuestra que sus preocupaciones eran infundadas.

La Chiesa di San Stae, en el Gran Canal, aparece en los créditos de la película

El Hotel Gabrielli se convirtió en el Europa Hotel, residencia de los Baxter en Venecia

🎬

¿LO SABÍAS?

ROJO Y VERDE
El director de fotografía Anthony B. Nichols rodó la ciudad con colores apagados, pero el rojo y el verde aparecen en casi todas las escenas.

UNA CIUDAD QUE SE HUNDE
El rodaje se vio interrumpido con frecuencia por el *acqua alta* (marea alta) de Venecia, consecuencia de las lluvias estacionales y el hundimiento de los cimientos.

2
Basilica dei Santi Giovanni e Paolo
Cuando Laura enciende una vela en esta iglesia, John comenta que no le gusta el lugar. Estas palabras se copiaron de una conversación real entre ambos actores.

VENECIA

CAMPO DELLA PESCHIERA

PIAZZALE ROMA

CAMPO SAN POLO

Canal Grande

2 Basilica dei Santi Giovanni e Paolo

3 Palazzo Grimani

San Nicolò dei Mendicoli
1

CAMPO SANTA MARGHERITA

CAMPO SANT' ANGELO

CAMPO SANTO STEFANO

PIAZZA SAN MARCO

4 Orilla

5 Hotel Gabrielli

Canale di San Marco

San Nicolò dei Mendicoli
Chiesa di San Nicolò dei Mendicoli, la iglesia del siglo XII que John restaura, ha sido remodelada y se ha abierto al público.

3

Palazzo Grimani
La trágica escena final se desarrolla en el palacio Grimani. El edificio, que estaba abandonado durante el rodaje, es ahora un museo.

5
Hotel Gabrielli
Este hotel se utilizó para rodar el exterior del Europa Hotel, donde la pareja se aloja durante su estancia en Venecia.

4
Orilla
Mientras exploran la ciudad, la pareja camina por la orilla de la laguna entre el Hotel Gabrielli y San Marco.

5

CRIMEN Y CASTIGO

Las historias sobre crímenes, sean basadas en escalofriantes hechos reales o emocionantes búsquedas de un culpable, han fascinado desde siempre al espectador. Con, sus frenéticas persecuciones en coche, sus atracos violentos y sus intrigantes malhechores, las películas políciacas cautivan y sorprenden a partes iguales.

Pero también nos recuerdan que personaje y escenario son inseparables. Todo delincuente necesita una base para sus fechorías, como todo detective requiere de un refugio en el que investigar los casos: tal vez un laboratorio de drogas en una caravana ruinosa, los alrededores de Sicilia o los desiertos del Oeste estadounidense. Y cuando resolver el crimen y atrapar al culpable implican enfrentarse al complejo puzle de la escena del delito, las localizaciones tienen tanto que decir como los propios personajes.

BREAKING BAD Y BETTER CALL SAUL

Breaking Bad y la precuela *Better Call Saul* convirtieron los negocios y los paisajes de Albuquerque en destinos de peregrinación para fans, deseosos de encontrar en el desierto el salvaje universo de la franquicia.

AÑO
**2008–2013;
2015–2022**

LOCALIZACIÓN
**NUEVO MÉXICO,
ESTADOS UNIDOS**

Poco conocida entre el público internacional, la ciudad de Albuquerque, en Nuevo México, saltó a la fama al convertirse en el hogar de Walter White, el profesor de química convertido en traficante de *Breaking Bad.* Pasados dos años del fin de la serie, los fans fueron convocados de nuevo en el desierto para la aclamada precuela *Better Call Saul.*

La producción de *Breaking Bad* iba a realizarse en un principio en la ciudad californiana de Riverside, pero las ventajas fiscales llevaron al productor Vince Gilligan (creador de *Expediente X*) hasta Nuevo México. Desde entonces, Albuquerque es sinónimo de *Breaking Bad* –hasta el punto de que sus casas y espacios cotidianos se han convertido en atractivos turísticos–. La residencia de los White ha sufrido numerosos intentos de lanzamiento de *pizza* a su tejado, y el lavadero de coches Mister Car Wash está abierto al público. Incluso se puede adquirir un poco de la mercancía de White en la tienda local (la metanfetamina usada en la serie era azúcar cristalizado).

Better Call Saul no hizo sino afianzar Albuquerque en el universo de *Breaking Bad.* Ideada como una comedia de media hora semanal, la precuela se convirtió en una prospección del turbulento mundo del abogado Jimmy McGill, antes de su transformación en el ruin Saul Goodman. Jimmy reside en Albuquerque, de modo que la serie regresó a algunas de las localizaciones de *Breaking Bad.* El paisaje de la reserva india de Cañoncito, por ejemplo, sirve de telón de fondo a la caminata a través del desierto de Jimmy y su socio Mike Ehrmantraut y también a la primera

ATENCIÓN AL DETALLE

En ambas series se hizo un gran esfuerzo para que los guiones fueran rigurosos. Donna Nelson, profesora de química orgánica, verificó la precisión científica en *Breaking Bad.* Y un escritor visionó los 62 episodios de *Breaking Bad* antes de cada temporada de *Better Call Saul* para revisar los detalles de continuidad.

Cañoncito Indian Reservation, un lugar tranquilo para una barbacoa

sesión de cocina de Walt y Jesse (al oeste del Trail 7089), entre otras muchas escenas de *Breaking Bad*.

Better Call Saul presentó a los fans algunos escenarios nuevos, como el bufete de abogados de Jimmy, ubicado en el salón de belleza Day Spa & Nail. El interior y el exterior del bufete Hamlin, Hamlin & McGill corresponden a dos edificios; aunque se encontraban a escasa distancia el uno del otro, el rodaje resultó una pesadilla para el responsable de localizaciones de la serie, que tuvo que tratar con dos propietarios distintos.

Aunque ambas series se centran en los problemas que se esconden bajo la superficie de los suburbios, no olvidan mostrar la belleza del paisaje que rodea Albuquerque. De hecho, fue tal la atracción del extenso desierto y los cielos azules que Bryan Cranston (alias Walter White) se ha establecido desde entonces en la Tierra del Encanto. Así que, cualquiera que visite esta zona podría encontrarse con el mismísimo Heisenberg.

(1) **Cañoncito Indian Reservation**
Esta reserva, presente en la escena inicial de *Breaking Bad* y en toda la franquicia, se convirtió en un entorno de referencia.

(2) **Pan American Building**
El exterior del bufete de abogados Hamlin, Hamlin & McGill era este edificio en 100 Sun Ave NE.

(3) **US-285 y Spur Ranch Rd**
El asalto al tren en el episodio *Carga mortal* de la quinta temporada de *Breaking Bad* se rodó aquí.

(4) **9800 Montgomery Blvd NE**
Saul Goodman instaló su oficina aquí; ahora el edificio alberga un bar.

(5)

Mister Car Wash
Walt y Skyler lavan dinero a través del A1A Car Wash, Mister Car Wash en la vida real, en *Breaking Bad*.

(6) **Day Spa & Nail**
El bufete de abogados de Jimmy ocupaba la trastienda de este salón de belleza en *Better Call Saul*.

(7) **Crossroads Motel**
El palacio de cristal, como lo llama Hank Schrader, aparece a lo largo de *Breaking Bad*.

(8)

Twisters
El local de comida rápida Twisters, en 4275 Isleta Blvd SW, se convirtió en Los Pollos Hermanos, tapadera del turbio negocio de Gus Fring en ambas series.

(9) **Convention Center**
La caseta donde trabaja Mike Ehrmantraut está bajo Marquette Ave NW Rd, junto al Centro de Convenciones.

(10) **Candy Lady**
En esta tienda venden el azúcar cristalizado usado como metanfetamina en la serie.

TWIN PEAKS

Twin Peaks, la serie de David Lynch y Mark Frost sobre un misterioso asesinato, se rodó en Snoqualmie Valley, una bucólica localidad en Washington, el «estado siempre verde», con enormes árboles y un café increíblemente bueno.

AÑO
1990-1991, 2017

LOCALIZACIÓN
WASHINGTON,
EE. UU.

Los mundos cinematográficos de David Lynch tienen la estructura de un sueño. Sus películas parecen tratar aspectos de la vida cotidiana, pero al fijarse un poco más se percibe algo extraño bajo la fachada perfecta del típico pueblo estadounidense. Esta idea la exploró por primera vez en su *thriller* de misterio *Terciopelo azul* (1986) y, a petición de su agente, la retomó para la serie de televisión *Twin Peaks*.

Lynch y Mark Frost, cocreador de la serie, empezaron trazando un esquema de la localidad ficticia de Twin Peaks. Este mapa prevaleció en un primero momento sobre los personajes que acabarían implicados en la trama, lo que refleja la importancia que ambos cineastas daban al escenario.

Twin Peaks iba a desarrollarse en Dakota del Norte, pero Lynch y Frost no tardaron en darse que cuenta de que sus llanuras carecían del ambiente misterioso que tenían los bosques del noroeste del país. Un amigo les sugirió que visitaran la cascada Snoqualmie y, nada más llegar, supieron que habían encontrado el lugar perfecto. El frondoso paisaje de Washington cuadraba con las localizaciones del guion y el plano,

Salish Lodge and Spa

Mientras trata de resolver el asesinato de Laura Palmer, Cooper se aloja en el Great Northern Hotel. El Salish Lodge and Spa se usó para los exteriores.

Cascada Snoqualmie

Esta cascada aparece en los créditos iniciales de *Twin Peaks*. En la serie se llama cascada Cola Blanca.

Dirtfish Rally School

La oficina del *sheriff* de Twin Peaks es ahora una autoescuela, pero el edificio conserva un aspecto similar.

Reinig Bridge

Ronette Pulaski cruza este puente el día después de la muerte de Laura Palmer. Las vías del tren han desaparecido y ahora es peatonal.

Kiana Lodge
67 km

Salish Lodge and Spa **1**
Cascada Snoqualmie **2**

3 Dirtfish Rally School

4 Reinig Bridge

5 "Welcome to Twin Peaks"

SNOQUALMIE RIDGE

SNOQUALMIE

WASHINGTON

WA-202

I-90

Río Snoqualmie

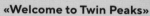

Kiana Lodge

El cuerpo de Laura Palmer aparece en la playa de este alojamiento de Poulsbo —el gigantesco tronco sigue ahí—.

Twede's Cafe **6** NORTH BEND

«Welcome to Twin Peaks»

El cartel de «Bienvenido a Twin Peaks» se colocó en la Southeast Reinig Road, con el monte Si como telón de fondo.

Twede's Cafe

La serie original utilizó un decorado para las escenas en la Double R Diner. Para la temporada 3 de 2017 se remodeló el Twede's Cafe y se rodó en él.

y Snoqualmie Valley era la viva imagen de Twin Peaks. Además, Frost y Lynch descubrieron varios lugares en los alrededores que resultaban idóneos para el episodio piloto —una típica cafetería, una oficina de sheriff, un motel y un aserradero—; parecían colocados ahí a propósito. Una vez finalizado el episodio piloto, gran parte de la serie se rodó en estudio, pero el Salish Lodge and Spa (aún en funcionamiento) y la cascada Snoqualmie han quedado inmortalizados en los créditos iniciales de la serie.

La cascada Snoqualmie, protagonista de los créditos iniciales de la serie

Resulta difícil imaginar al agente Dale Cooper conduciendo hacia cualquier otra localidad, bajando la ventanilla para respirar el aire puro. Los montes siguen ahí, rodeados de niebla, y los cafés junto a la carretera aún sirven un pastel de cereza que Cooper aprobaría.

LOCALIZACIONES DEL CINE DE LYNCH

Las películas de David Lynch pueden parecer surrealistas, pero se desarrollan en lugares corrientes.

TERCIOPELO AZUL
(1986)

Los Carolina Apartments de Wilmington, en Carolina del Norte, sirven de residencia a la cantante Dorothy Vallens en esta hipnótica película de cine negro.

MULHOLLAND DRIVE
(2001)

En la escena culminante de la película, Rebekah del Rio hace *playback* en el Club Silencio. La escena se rodó en el Tower Theater de Los Ángeles, que también aparece en la temporada 3 de *Twin Peaks* como la casa del Bombero.

BABY DRIVER

En un primer momento, *Baby Driver* iba a ambientarse en Los Ángeles, pero la acción se trasladó a Atlanta. Por suerte para esta frenética historia de atracos, el denominado Hollywood del Sur resultó perfecto.

AÑO
2017

LOCALIZACIÓN
GEORGIA, EE. UU.

Hasta cierto punto, *Baby Driver* podría haberse rodado en casi cualquier lugar. Este *thriller* de acción de Edgar Wright no está asociado a una localización, sino más bien a una melodía. Su pegadiza banda sonora es un mundo en sí misma y cada escena y persecución en coche parece bailar a su ritmo.

Quizás por ello Wright se decidió a abandonar el escenario original del guion. Otra razón (más práctica) que encaminó la película hacia Atlanta fueron los beneficios fiscales que ofrecía Georgia. Estos incentivos económicos han convertido la ciudad en un paraíso cinematográfico, aunque suela utilizarse para representar otros lugares. Para Wright esto no era una opción, de modo que reescribió el guion para añadir referencias específicas de Atlanta e incluso una persecución en coche geográficamente rigurosa. Por supuesto, resultó un escenario perfecto, dada su aclamada escena musical y su amor por los coches. Negocios locales como Octane Coffee, Criminal Records y Goodfella's Pizza and Wings recibieron su cuota de protagonismo, mientras que el centro de la ciudad, sus edificios históricos y los accesos a la autopista sirvieron de telón de fondo a las arriesgadas travesuras de Baby, un conductor especializado en fugas, y la banda de ladrones de bancos.

De haber rodado *Baby Driver* en Los Ángeles, el resultado habría sido bueno, pero puede que Atlanta le aportara alma.

La banda desencadena un tiroteo en Pullman Yards, en realidad un centro de ocio

NO ES PAÍS PARA VIEJOS

El *thriller* de Joel y Ethan Coen —que sigue a Llewelyn Moss mientras escapa de un sicario psicópata— aprovecha al máximo las yermas localidades fronterizas y los sórdidos moteles del nuevo salvaje Oeste.

AÑO
2007

LOCALIZACIÓN
NUEVO MÉXICO Y TEXAS, EE. UU.

Las desérticas llanuras y las poblaciones fronterizas del Oeste estadounidense, asociadas a los forajidos y vaqueros de los primeros wésterns, proporcionaron el marco idóneo a esta fascinante película.

Aunque la novela de Cormac McCarthy en la que se basa el filme está ambientada en Texas, el neowéstern de los hermanos Coen —con Josh Brolin en el papel de Llewelyn Moss y el galardonado Javier Bardem como el aterrador Anton Chigurh— se rodó en su mayoría en Las Vegas de Nuevo México, no en la Ciudad del Pecado. Esta ciudad conserva un aspecto muy similar al del periodo del salvaje Oeste, de modo que resultó perfecta para representar las localidades fronterizas de Eagle Pass y Del Río. En el Plaza Hotel y el Regal Inn de Las Vegas, Moss logra escapar de Chigurh.

No obstante, Texas también interpretó un papel. El descubrimiento de la sangrienta transacción entre narcotraficantes se filmó en el vasto Big Bend National Park, en la zona oeste del estado. A pesar de ser un lugar poco utilizado para rodar películas, el equipo lo compartió casualmente con el director Paul Thomas Anderson. El humo que flotaba un día sobre el set de *Pozos de ambición* (2007) obligó a los hermanos Coen a interrumpir el rodaje.

Con las poderosas interpretaciones de Brolin y Bardem, *No es país para viejos* se convirtió en referente del neowéstern —mejorando poco la imagen cinematográfica del salvaje Oeste—.

Regal Inn
Moss esconde el dinero que ha robado en el motel Regal Inn, en la CanAm Highway.

614 Douglas Ave
Chigurh roba lo que necesita para curarse en la Mike Zoss Pharmacy, rodada en esta dirección.

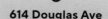

East University Bridge
Para el puesto fronterizo que aparece en este puente se instaló una estructura de acero de 23 toneladas.

Plaza Hotel
En su huida, Moss se aloja en el hotel Eagle Pass (el histórico Plaza Hotel); es aquí donde escapa por poco de Chigurh.

REGRESO AL FUTURO III
(1990) ▶

Esta película, en la que Marty retrocede hasta 1885, es un homenaje
a los wésterns. Su viaje a la localidad
ficticia de Hill Valley comienza en
este panorámico entorno.

LAS VACACIONES DE UNA
CHIFLADA FAMILIA AMERICANA
(1983)

En esta comedia, la familia Griswold
sufre un accidente y se queda tirada
en Monument Valley. Clark, el padre,
se pierde tratando de encontrar ayuda.

MONUMENT VALLEY

Las formaciones rocosas que se elevan sobre las extensas llanuras desérticas de Monument Valley han aparecido infinidad de veces en la gran pantalla, sobre todo en wésterns clásicos.

Este valle de aspecto sobrenatural está situado en la Nación Navajo, en la frontera entre Utah y Arizona. De su llano terreno rojizo surgen unas enormes colinas, algunas con hasta 300 m de altura. Estos impresionantes pilares de arenisca erosionados por los elementos fueron durante mucho tiempo un elemento fundamental en las películas del salvaje Oeste, ya que sus escarpadas formas resultaban el telón de fondo perfecto para los vaqueros del género.

Los wésterns, las películas de superhéroes de la época, dominaron la taquilla durante más de 50 años a partir de la década de 1920, y Monument Valley interpretó un papel protagonista en muchos de ellos. El director John Ford adoraba esta zona: aquí rodó nueve películas, muchas de ellas con el emblemático John Wayne. Desde entonces, el valle ha aparecido en filmes de otros tipos, como *Forrest Gump* (1994) y *Transformers: La era de la extinción* (2014), aunque sus vastas llanuras seguirán recordando siempre a las películas de vaqueros.

FORREST GUMP (1994) ▶
Esta película es un clásico muy querido. Tras correr durante tres años por varios estados, el maratón de Forrest Gump llega a su fin en un largo tramo de carretera que atraviesa el valle.

LA DILIGENCIA (1939)
Esta película, protagonizada por un joven John Wayne, fue la primera que John Ford rodó en Monument Valley. En ella un grupo de viajeros avanza a través del polvoriento paisaje desértico.

PEAKY BLINDERS

Ambientada en el barrio de Small Heath de Birmingham, esta serie de gángsters de época recorrió varias ciudades inglesas, como Liverpool, Manchester y, por supuesto, Birmingham, para recrear el ambiente industrial de entreguerras.

AÑO
2013-2022

LOCALIZACIÓN
INGLATERRA

El Birmingham que aparece en *Peaky Blinders,* ¿es un reflejo fiel de la ciudad? A lo largo de su andadura, esta impecable y apasionante serie (que sigue a la banda homónima) se enfrentó a esta pregunta con cierta regularidad. Y el problema no eran solo los acentos —según el reparto, rigurosos con la época—, sino el aspecto y el ambiente de la propia ciudad. Aunque esto tiene su explicación. «El Birmingham que necesitábamos recrear [...] ya no existe», manifestó el productor Frith Tiplady, aludiendo al bombardeo que

arrasó la ciudad de las Midlands durante el Blitz. Para aproximarse al Birmingham industrial de principios del siglo XX, la serie tuvo que rodar en otras localizaciones inglesas.

Los edificios históricos y las calles con casas adosadas de Liverpool convirtieron esta ciudad en uno de los principales lugares de rodaje. Watery Lane, territorio de Tommy Shelby, adquirió vida en Powis Street (completamente irreconocible tras su reurbanización), en el barrio de Toxteth, mientras que la casa de la tía Polly se rodó en Port Sunlight, un pueblo detenido en

Edificios del periodo industrial en el Black Country Living Museum de Dudley

el tiempo cerca de Liverpool. El cercano Ellesmere Port fue Camden Lock durante las incursiones de la banda en Londres, y el Le Mans Crescent de Bolton se convirtió en el Eden Club, el local de jazz de Sabini.

Aun así, *Peaky Blinders* permaneció arraigada a la ciudad de Birmingham. El Black Country Living Museum, en Dudley, resultó un recurso inestimable: el patio de Charlie Strong se filmó junto a su canal y el lugar donde Ada y Freddie se encuentran a escondidas está al lado del puente. En cualquier caso, los fans que quieran deambular por las calles del Birmingham industrial se toparán con los locales frecuentados por los Peaky Blinders reales, y no con los de los infames Shelby.

Para la mayoría, es irrelevante que el enfoque de *Peaky Blinders* fuera o no absolutamente riguroso. La serie consigue evocar una antigua Birmingham violenta, melodramática y muy emocionante para los espectadores.

Los canales del Black Country Living Museum, frecuentados por los Peaky Blinders

Bolton
La visita de la banda al Eden Club de Londres, en el episodio 1 de la temporada 2, se rodó en Le Mans Crescent.

¿LO SABÍAS?

DAVID BOWIE
El músico era fan de *Peaky Blinders* y, antes de morir, concedió permiso para que su último álbum se usara en la serie.

SAM NEILL
El actor, que interpreta al inspector Chester Campbell, pidió a Liam Neeson que le ayudara a redescubrir el acento irlandés de su infancia.

Manchester
La subasta de caballos de la temporada 2 se filmó en los Victoria Baths de Manchester.

Arley Hall and Gardens
En la temporada 3, tras conseguir poder y estatus, Tommy Shelby se muda de Small Heath a esta mansión.

Black Country Living Museum
Este museo al aire libre aportó numerosas localizaciones a la serie, como el patio de Charlie.

Liverpool
Powis Street se convirtió en Watery Lane, hogar de Tommy, y Formby Beach aparece al final de la temporada 4.

Port Sunlight
Una casa de Port Sunlight, en Wirral, fue la residencia de la tía Polly en Sutton Coldfield.

Blackpool
Preston
Bradford
Leeds

Mar de Irlanda

Wigan
Bolton 2
Manchester 3
Doncaster

Liverpool 1
Warrington
Sheffield

6
Port Sunlight
Arley Hall and Gardens 4

INGLATERRA

Stoke-on-Trent
Derby

Shrewsbury
GALES

Leicester
Wolverhampton

Black Country Living Museum 5
Birmingham

Worcester

EL PADRINO

La oscarizada obra maestra de Francis Ford Coppola, posiblemente la mejor saga de cine sobre la mafia, no sería la misma sin las descarnadas calles de la ciudad de Nueva York y los soleados paisajes de Sicilia.

Calvary Cemetery, el cementerio donde yace don Corleone

AÑO
1972

LOCALIZACIÓN
**NUEVA YORK, EE. UU.;
SICILIA**

El padrino, basada en la exitosa novela de Mario Puzo, cuenta las hazañas criminales de la familia Corleone. Como la propia trama de la saga, el proyecto estuvo plagado de incidentes. En cuanto los jefes de la mafia se enteraron de la posible adaptación de la obra de Puzo, mostraron su malestar (al parecer, Robert Evans, director de Paramount, encontró una rata muerta en su cama como advertencia). Para evitar más amenazas, el productor Albert S. Ruddy contactó con el capo Joe Colombo. Mediante cartas y en una reunión cara a cara, Ruddy aseguró a Colombo que jamás se mencionaría la palabra «mafia», y así fue.

El drama, sin embargo, no acabó ahí. Al estudio no le agradó que Evans contratara a Francis Ford Coppola, un director con una trayectoria accidentada. Al final, el toque creativo de Coppola resultó un éxito. Apasionado de los escenarios reales, el director rodó el 90 % de la acción en Nueva York, sumergiendo la historia en la Gran Manzana. Para las escenas fuera de la ciudad, acudió a la pintoresca localidad siciliana de Savoca. Aquí filmó en la Chiesa di San Nicolò (donde Michael Corleone y Apollonia se casan) y el Bar Vitelli (donde se acuerda el matrimonio). La localidad sigue atrayendo a fans de la película, aunque son las antiguas calles de Nueva York las que realmente consolidaron El padrino como un clásico del cine estadounidense.

WEEHAWKEN

NUEVA JERSEY

HOBOKEN

Central Park

Radio City Music Hall ❹ ❶ St Regis Hotel

MIDTOWN

MANHATTAN

Río Hudson

JERSEY CITY

St Patrick's Cathedral ❸

NUEVA YORK

Río East

LOWER MANHATTAN

ASTORIA

LONG ISLAND CITY

QUEENS

❷ Calvary Cemetery

MASPETH

ELMHURST

WILLIAMSBURG

BROOKLYN

FOREST HILLS

UNO DE LOS NUESTROS

Uno de los nuestros descubre una sórdida y corrupta ciudad de Nueva York, cuyo glamur y suciedad resultan el escenario perfecto para esta historia de gánsters.

AÑO
1990

LOCALIZACIÓN
NUEVA YORK, EE. UU.

En el verano de 1989 el director Martin Scorsese rodó en su Nueva York natal una de las mejores películas de gánsters que existen. Adaptación del libro *Wiseguy* —escrito por Nicholas Pileggi y basado en la vida del gánster Henry Hill—, *Uno de los nuestros* resulta oscura, deslumbrante y temeraria, adjetivos que pueden aplicarse a la propia ciudad.

En su búsqueda de la autenticidad, Scorsese puso especial atención en los detalles. Acudió a sastres italianos, mostró platos realmente italianos (preparados nada menos que por la madre del director) y también contrató a gánsters como actores y asesores. Hacer un seguimiento del atrezo se convirtió en un trabajo a tiempo completo —en cierto momento, empezaron a circular por la ciudad billetes falsos de 100 dólares—. Como curiosidad, a Robert De Niro (en el papel de Jimmy Conway) no le gustaba el tacto del dinero falso, así que utilizó en sus escenas billetes de 5.000 dólares propios.

Muchas de las localizaciones de la película han sucumbido a la gentrificación, como el club nocturno Copacabana, donde se filmó un plano secuencia. Sin embargo, queda un lugar intacto: Neir's Tavern, en Queens, escenario de la fiesta de Navidad. Su menú basado en la película incluye una hamburguesa Cadillac Rosa, perfecta para los más valientes.

St Regis Hotel
Este lujoso hotel aparece con frecuencia en la película; en él se alojan Michael Corleone y su esposa Kay.

Calvary Cemetery
El funeral de don Corleone se filmó en el cementerio Calvary, en Queens. Las coordenadas de su tumba son 40.734, −73.928.

St Patrick's Cathedral
El bautizo del hijo de Michael y Kay se celebra en esta catedral.

Radio City Music Hall
Michael y Kay ven *Las campanas de Santa María* en este cine.

EL TERCER HOMBRE

Este *thriller* del director Carol Reed explora las sombrías calles de la Viena de posguerra, transformando los espacios subterráneos de la ciudad en un hervidero de astutos e intrigantes estafadores.

AÑO
1949

LOCALIZACIÓN
VIENA, AUSTRIA

*E*l *tercer hombre,* un filme emblemático del cine negro, empleó todos los elementos típicos del género: iluminación en claroscuro, personajes de moral ambigua y ausencia de héroes claros. De acuerdo con la novela de Graham Greene en la que se basa, el director Carol Reed ambientó su *thriller* en Viena, justo después de la Segunda Guerra Mundial. La capital austriaca, en ese momento una ciudad ocupada y dividida, aparece en pantalla como un lugar de belleza devastada y política inestable. A través del intenso guion de Greene y el uso del entorno urbano de Reed, Viena llegó a convertirse prácticamente en un personaje.

El tercer hombre sigue al escritor estadounidense Holly Martins mientras investiga la muerte de su misterioso amigo Harry Lime. Cuando la muerte de Lime empieza a parecer sospechosa, y los espectadores descubren su relación con el contrabando de medicamentos, la búsqueda por los callejones de Viena se intensifica. La investigación termina con la aparición del propio Lime, una escena memorable rodada frente a la puerta de Schreyvogelgasse 8.

Aunque es en las calles iluminadas por la luna donde más brilla el trabajo de Reed, los escenarios diurnos también transmiten tensión. Una de las escenas más famosas se rodó en la noria de Viena (Wiener Riesenrad), en Prater Park. Este destino de ocio familiar se convierte en el escenario de la inolvidable reflexión de Lime (ideada en parte por el actor que interpreta el papel, Orson Welles), en la que evoca a los despiadados Borgia. Al más puro estilo del cine negro,

La noria de Viena, una famosa localización de *El tercer hombre*

Schreyvogelgasse 8

Aquí es donde Holly Martins ve por primera vez a Harry Lime, iluminado ante la puerta del edificio.

Wiener Prater

La noria de este parque es donde Lime y Martin tienen su legendaria conversación.

Wiener Zentralfriedhof

El triste final de la película se desarrolla en este cementerio, último lugar de descanso de Lime.

Dritte Mann Museum

Este museo ofrece muestras sobre la película y el retrato que hace de la Viena de posguerra.

Girardipark

Lime desciende a las cloacas a través de una tapa con forma de estrella en Girardipark.

Palais Pallavicini

Este precioso edificio de Josefsplatz es el apartamento de Lime; es aquí donde, supuestamente, le arrolla un camión.

Map labels:
ROOSEVELT-PLATZ · LANDESGERICHTSSTR · RATHAUS-PLATZ · FRANZ-JOSEFS-KAI · SCHOTTENRING · Donaukanal · LEOPOLDSTADT · TABORSTRASSE · PRATERSTR · PRATER-STERN · Wiener Prater ② · Schreyvogelgasse 8 ① · HERRENGASSE · AM HOF · INNERE STADT · ROTENTURMSTR · STUBENRING · Volks-garten · MESSEPLATZ · Palais Pallavicini ⑥ · Burg-garten · KÄRNTNER STRASSE · STEPHANS-PLATZ · SCHULERSTR · VIENA · Stadt-park · MARIAHILFER STR · Girardipark ⑤ · SCHUBERT-RING · KARLS-PLATZ · SCHWARZEN-BERGPLATZ · RENNWEG · REISNERSTRASSE · LINKE WIENZEILE · RECHTE WIENZEILE · Dritte Mann Museum ④ · WIEDEN · PRINZ-EUGEN-STRASSE · Belvedere · Wiener Zentralfriedhof ③ 6 km · LANDSTRASSER GÜRTEL

¿LO SABÍAS?

ORSON WELLES

El actor se negó a rodar en las cloacas, a pesar de la importancia de la persecución final, así que le sustituyó un doble.

CAROL REED

Reed empleó tan a menudo el ángulo holandés que el director William Wyler le envió de broma un nivel.

ANTON KARAS

Reed descubrió a Karas, quien compuso e interpretó la música de la película, en una taberna de Viena.

EL LARGO TÚNEL

La alcantarilla en la que Lime se esconde es en realidad el río Viena soterrado.

incluso los rincones más luminosos de la ciudad sirven para recordar la oscuridad que acecha en el corazón humano.

Reed utilizó las húmedas cloacas de Viena para la persecución culminante de la película, un descenso real al inframundo imaginario de la ciudad. En la actualidad, existen paseos guiados por la red de alcantarillado y otras localizaciones de la película.

En un primer momento, este retrato de Viena no fue bien recibido por los habitantes, pero la película de Reed se ha convertido en una imagen representativa de la ciudad. Visitarla para contemplar el contraste entre la grandeza barroca de sus calles y los túneles situados por debajo se ha vuelto un rito para muchos fans del cine negro clásico.

SHERLOCK

El detective británico más querido reaparece en esta carismática serie de televisión, en la que muchas de sus aventuras resolviendo casos se desarrollan, como era de esperar, en pleno corazón de Londres.

AÑO
2010-2017

LOCALIZACIÓN
INGLATERRA, GALES

El excéntrico detective Sherlock Holmes ha sido una figura muy prolífica desde su aparición en la novela *Estudio en escarlata,* escrita por Arthur Conan Doyle en 1887. De hecho, ostenta el récord Guinness al personaje literario humano que más ha aparecido en cine y televisión. Son varias las adaptaciones (buenas y malas) que lo han retratado, pero la serie de televisión *Sherlock* (2010-2017), con Benedict Cumberbatch como protagonista y Martin Freeman en el papel de John Watson, ha ofrecido una imagen renovada del brillante sabueso.

Sus creadores, Steven Moffat y Mark Gatiss, desarrollaron la serie mientras trabajaban como guionistas de *Doctor Who (p. 180).* En los largos trayectos en tren de Londres a Cardiff (donde se llevó a cabo la producción de *Doctor Who*), charlaron sobre su deseo de actualizar a Sherlock Holmes, añadiendo a la historia tecnología moderna. La idea caló en

187 North Gower Street, un perfecto sustituto para 221B Baker Street

Speedy's Sandwich Bar

Speedy's Sandwich Bar & Café, al norte de Londres, aparece a lo largo de la serie.

187 North Gower St

Esta dirección, buen sustituto de la vedada Baker Street, se convirtió en la casa del detective.

Battersea Power Station

Watson visita Battersea Power Station, antes de su remodelación, en el primer episodio de la temporada 2.

Southbank Skatepark

En el episodio 2 de la temporada 1 hay pistas escondidas entre los grafitis de este parque de *skate*.

St Barts Hospital

La temporada 2 finaliza en el tejado del hospital de San Bartolomé, en la City de Londres.

Aldwych Station

Holmes y Watson recorren las vías de esta estación abandonada en el primer episodio de la temporada 3.

❶ Speedy's Sandwich Bar
❷ 187 North Gower St
❸ St Barts Hospital
❹ Aldwych Station
❺ Southbank Skatepark
❻ Battersea Power Station

FINSBURY · HOXTON · BLOOMSBURY · CLERKENWELL · SHOREDITCH · COVENT GARDEN · SOHO · CITY · LONDRES · Río Támesis · SOUTHWARK · Hyde Park · Kensington Gardens · St James's Park · BERMONDSEY · KNIGHTSBRIDGE · WESTMINSTER · PIMLICO · LAMBETH · Battersea Park · WATER

---

los ejecutivos de televisión y la producción comenzó en enero de 2009 rodando muchas de las escenas interiores en estudios de Gales —lugar idóneo para Moffat, que en 2010 se convirtió en productor y guionista de *Doctor Who*—.

Aunque Moffat y Gatiss estaban dispuestos a filmar buena parte de la serie en estudio (además de resultar más práctico, estaba la cuestión del presupuesto), no querían sacar las aventuras de Sherlock del centro del Londres. Por tanto, muchas de las escenas exteriores se filmaron en la histórica capital. Rodar en 221B Baker Street (residencia de Sherlock en los libros de Conan Doyle) era imposible, ya que es donde se encuentra el popular Sherlock Holmes Museum (en realidad, el museo está entre 237 y 241 Baker Street, pero recibió un permiso especial para conservar la dirección del libro). De modo que optaron por la más tranquila 187

North Gower Street como base del protagonista. El restaurante situado en la parte baja del edificio, Speedy's Sandwich Bar & Café, aparece con frecuencia en la serie y se ha convertido en un punto de encuentro para los fans de *Sherlock*. Otras localizaciones del rodaje están repartidas por la capital y, por suerte, no es necesario ser un detective de la categoría de Sherlock para encontrarlas.

El London Eye a orillas del río Támesis, como aparece en los créditos iniciales de *Sherlock*

BUSCANDO A SHERLOCK

Benedict Cumberbatch consiguió el papel de Sherlock, pero hubo otros grandes actores que se presentaron también a la audición, como Martin Freeman, que se convertiría en Watson, mano derecha de Sherlock, y Matt Smith, posterior intérprete del Doctor.

EL GRAN HOTEL BUDAPEST

El Gran Hotel Budapest, considerada a menudo la obra culminante de la carrera de Wes Anderson, se rodó en la ciudad de Görlitz y sus alrededores. Esta espectacular localidad alemana sigue conservando la magia que muestra en la película.

① Dresde

El Zwinger, el imponente complejo palaciego de Dresde, es donde el abogado Vilmos Kovacs huye del temible Jopling.

También en Dresde se encuentra la histórica lechería Dresdner Molkerei Gebrüder Pfund, que prestó su interior a la pastelería Mendl's.

② Görlitz

El interior del hotel se rodó en el antiguo centro comercial Görlitzer Warenhaus, que se encuentra actualmente en remodelación.

También aparecen en la película varias calles de Görlitz, como Fischmarktstrasse y Brüderstrasse.

Karlovy Vary

El Gran Budapest se inspiró al parecer en el Grandhotel Pupp y el Hotel Imperial, ambos en esta ciudad balneario checa.

③ Basteibrücke

Los fans más atentos reconocerán este puente, donde Agatha y Zero se casan entre la nieve al final de la película.

AÑO
2014

LOCALIZACIÓN
ALEMANIA

La bonita Fischmarktstrasse de Görlitz, por la que pedalea Agatha

Es innegable que Wes Anderson tiene estilo. Al pensar en su filmografía, no solo acuden a la mente sus cómicas tramas o sus extravagantes personajes, sino también la peculiar estética de sus películas. Paisajes de ensueño, edificios en tonos pastel, fachadas simétricas: estas son las señas de identidad del cineasta estadounidense, presentes todas ellas en *El Gran Hotel Budapest.*

Las aventuras del conserje Gustave H. y su fiel botones Zero se desarrollan principalmente en el hotel del título, ubicado en la localidad ficticia de Nebelsbad, Zubrowka. Para crear este lugar fantástico, Anderson buscó una ciudad de Europa del Este con un hotel de estilo aristocrático. Tras explorar Budapest, Viena y la pintoresca ciudad balneario de Karlovy Vary, se decantó por la localidad alemana de Görlitz. La estética de Anderson recuerda a épocas pasadas, así que Görlitz era el lugar perfecto. Esta ciudad balneario había salido de ambas guerras mundiales en un estado sorprendentemente bueno y sus atractivos edificios apenas habían envejecido en siglos. Gracias a su aspecto anacrónico, Görlitz se ha convertido en una localización popular para rodar películas de época, como *Malditos bastardos* (2009), ambientada en la Segunda Guerra Mundial, y *La ladrona de libros* (2013).

Entre los edificios históricos de Görlitz, Anderson encontró el Görlitzer Warenhaus, un antiguo centro comercial que le cautivó de inmediato con su estructura modernista, su cubierta acristalada, sus

Görlitzer Warenhaus, el centro comercial es el interior del hotel en el filme

El edificio transformado, como aparece en una escena de la película

imponentes arañas de luces y sus superficies de mármol. Poco después el equipo empezó a transformar su interior en el Gran Budapest, convirtiéndolo en un hervidero de actividad cinematográfica. En el atrio se levantaron sets que evocaban las décadas de 1930 y 1960, en las que se desarrolla la película, y la planta alta del edificio se transformó en una oficina de producción. Ahora mismo no es posible acceder al interior del centro comercial, pero está proyectada su remodelación, por lo que tal vez falte poco para que los fans puedan subir las escaleras y recorrer los pasillos de la película. A un breve paseo del edificio se encuentra el rosado Hotel Börse, donde se alojaron el equipo y el reparto. Una curiosidad: el propietario y el personal del hotel actuaron como extras en algunas escenas.

A pesar del entorno de cuento de Görlitz, esta pequeña localidad no lo tenía todo. Varias secuencias se rodaron en Dresde, elegida como segunda base de filmación. Inaugurada en 1892, la lechería Dresdner Molkerei Gebrüder Pfund prestó su interior a la pastelería Mendl's, en la que trabaja Agatha. Decorada en un ornamentado estilo neorrenacentista, la tienda es tan vistosa como los pasteles Courtesan au Chocolat de Agatha (que desgraciadamente no están a la venta). También en Dresde se halla el Kunstmuseum de la película, al que entra el abogado Vilmos Kovacs tratando de escapar de las garras de Jopling y sus temibles puños americanos. En realidad, se trata del Zwinger,

HOTEL EN MINIATURA

El exterior del Gran Budapest no es ningún edificio de Görlitz; de hecho, no es un lugar real. Varios hoteles (como los hermosos Grandhotel Pupp y Hotel Imperial de Karlovy Vary) inspiraron el elaborado diseño de la fachada, de la que se construyeron una serie de maquetas muy minuciosas para el rodaje.

un imponente complejo palaciego y uno de los edificios barrocos más famosos de Alemania. Por suerte, un breve trayecto en tren une Görlitz y Dresde, lo que permite visitar fácilmente el extravagante mundo de Wes.

La lechería Dresdner Molkerei Gebrüder Pfund, el marco perfecto para la célebre Mendl's

EL MUNDO REAL DE WES ANDERSON

Los escenarios de las originales películas de Anderson no siempre parecen reales, pero, por suerte para los fans, muchos lo son.

LOS TENENBAUMS. UNA FAMILIA DE GENIOS
(2001)

Esta comedia dramática sobre una familia disfuncional se rodó en Nueva York (la casa familiar está en Harlem), pero se desarrolla en una versión ficticia de la ciudad. Por ello, el equipo evitó mostrar en pantalla lugares reconocibles.

- - - - - - - - - - - - - - - - - - -

MOONRISE KINGDOM
(2012)

Ambientado en la isla imaginaria de New Penzance, este cuento de paso a la madurez relata el romance entre el *scout* Sam Shakusky y su amiga por correspondencia Suzy Bishop. La película se rodó en Rhode Island; el faro de Conanicut Island fue la casa de los Bishop.

- - - - - - - - - - - - - - - - - - -

LA CRÓNICA FRANCESA
(2021)

La crónica francesa, tal vez la película más Wes Anderson del director, se filmó en la ciudad francesa de Angulema. Las escenas animadas las crearon artistas locales en un guiño a la larga relación de la ciudad con el cómic.

UN TRABAJO EN ITALIA

Con una inolvidable interpretación del actor Michael Caine, este filme sobre un atraco rodado en 1969 y parodiado hasta el infinito sigue siendo una de las películas británicas más queridas —en la que hubo aventuras tanto dentro como fuera de la pantalla—.

AÑO
1969

LOCALIZACIÓN
TURÍN, ITALIA

Un ladrón carismático y descarado. Una persecución en Minis Cooper. *Un trabajo en Italia* es sin duda una de las películas más británicas que existen. Por supuesto, esto tiene poco que ver con el entorno en el que se desarrolla el filme, ya que el Londres de la década de 1960 alberga solo una pequeña parte de la aventura. Sin embargo, los protagonistas pasearon el espíritu de la Gran Bretaña de los años sesenta por toda Europa, con un audaz robo filmado en las calles y una azotea de Turín (Italia), afianzando el lugar que ocupa la película en el corazón de los británicos.

Al igual que los Minis Cooper conducidos con desenfreno, el equipo de producción pasó por Turín como un vendaval. Para representar los atascos que facilitarían la huida de los ladrones de oro, cortaron zonas enteras de la ciudad, provocando verdaderos embotellamientos y enfurecieron a los conductores locales. Se rumorea que esto se llevó a cabo con la bendición, e incluso la ayuda, de la mafia local. Las situaciones arriesgadas fueron una constante a lo

Azotea de la fábrica de Fiat en Turín

Los Minis en acción, tras la persecución en la fábrica de Fiat

largo del rodaje. La increíble escena en la fábrica de Fiat fue lo bastante peligrosa como para haber supuesto un problema legal para Michael Deeley, el productor de la película. Posteriormente afirmaría que, en previsión de un accidente en el set, había dispuesto que hubiera un coche para llevarle al aeropuerto, donde un avión esperaba para sacarle del país. Asimismo, la secuencia en el Palavela fue supuestamente rodada sin permiso de las autoridades italianas, que temían que el techo se hundiera. El director del museo descubrió consternado que habían comenzado el rodaje, y sugirió al director Peter Collinson que se escondiera hasta haber acabado la filmación.

¿Y mereció la pena? Por supuesto que sí. Da igual las veces que se imite la escena del robo, la fuerza de la original es innegable. La icónica frase de Michael Caine puede que haya envejecido, pero *Un trabajo en Italia* —y su espíritu británico de la década de 1960— sigue siendo capaz de volar las malditas puertas.

CAOS EN MINI

Troy Kennedy Martin, guionista de *Un trabajo en Italia*, optó por los Minis Cooper para la secuencia de la persecución porque eran un icono de la década de 1960, y una marca británica hasta la médula. Estos coloridos y modernos vehículos proporcionaron un contraste único con las históricas calles de Turín.

① Palazzo Madama
La banda se lanza por las escaleras de principios del siglo XVIII del Palazzo Madama en sus Minis Cooper.

② Galleria Subalpina
Los Minis continúan su huida por esta animada y luminosa galería comercial.

③ Palazzo Carignano
Tras robar el oro, lo cargan en los coches en el atrio de este gran palacio.

④ Diga Michelotti
Los coches cruzan las aguas del río Po a través de este dique.

⑤

Chiesa Parrocchiale della Gran Madre di Dio
En su loco recorrido, los coches interrumpen una boda en esta iglesia.

⑥ Torino Palavela
El intrépido trío realiza una arriesgada huida por el tejado del Torino Palavela.

⑦ La Pista 500
Los Minis avanzan a toda velocidad por el circuito de pruebas de la fábrica Fiat, ahora el mayor jardín colgante de Europa.

CÓMO ROBAR UN MILLÓN

Aunque los robos de alto riesgo suelen rodarse en estudio, tienen como escenario algunas de las mejores galerías, museos y casinos. Para evitar que salten las alarmas, estos golpes requieren una cuidada planificación y mucho sigilo.

METROPOLITAN MUSEUM OF ART, EE. UU.

El famoso Met de Nueva York es donde se desarrollan los atracos de *El caso de Thomas Crown* (1999) y *Ocean's 8* (2018). Solo *Ocean's 8* obtuvo permiso para rodar en el edificio, recreando la famosa Met Gala en colaboración con el museo. Obligado a filmar por la noche, el equipo tuvo que montar y desmontar los elaborados sets cada día durante las dos semanas y media de rodaje.

TORRE DE LONDRES, REINO UNIDO

Desde Ricky Gervais en *El tour de los Muppets* (2014) hasta *Los minions* (2015), todo tipo de personajes han intentado robar las joyas de la Corona de esta fortaleza custodiada por los Beefeaters. Un consejo: para asegurar el éxito del golpe, conviene que esté de guardia Johnny English. Su hilarante incompetencia provoca el robo de las joyas delante de sus narices en *Johnny English* (2003).

EL LOUVRE, FRANCIA

Los fans de la serie de misterio *Lupin* (2021-) conocen bien este museo parisino, donde el protagonista, interpretado por Omar Sy, trata de robar un collar de María Antonieta en el primer episodio. Sorprendentemente, son pocas las películas en las que aparece el robo del cuadro más famoso del mundo, la *Mona Lisa*, siendo una de ellas la alemana *El robo de la Mona Lisa* (1931).

HOTEL Y CASINO BELLAGIO, EE. UU.

Una estafa en el casino podría parecer la opción obvia en este opulento hotel de Las Vegas, pero George Clooney y su banda se decantaron por un robo más directo para *Ocean's 11* (2001), en la que sacan unos 160 millones de dólares de la cámara acorazada del Bellagio. El reparto y el equipo pudieron alojarse y filmar aquí gracias a la amistad del productor con el propietario del hotel.

NATIONAL GALLERY, REINO UNIDO

La National Gallery de Londres alberga más de 2.000 cuadros, por lo que no sorprende que haya sufrido diversos robos, tanto ficticios como reales. Unas estudiantes planean llevarse *La joven de la perla* en *Supercañeras* (2007), mientras que Jim Broadbent, en el papel de Kempton Bunton, recrea en *El duque* (2020) el robo del *Retrato del duque de Wellington* perpetrado en 1961 por un jubilado británico.

1 Patio del ala estadounidense del Met

2 Las joyas de la Corona, codiciadas por todo tipo de ladrones

3 Esculturas clásicas del Louvre

4 Fachada iluminada del Bellagio y sus fuentes

5 Obras de arte expuestas en la National Gallery

1

2

3

4

5

Fort Point

Fort Point National Historic Site se encuentra bajo el extremo sur del Golden Gate Bridge. Aquí es donde Madeleine salta inesperadamente al agua.

Big Basin Redwoods State Park

Unos enamorados Scottie y Madeleine pasean por Muir Woods, en realidad este parque, y se detienen a contemplar la sección de un árbol.

Mission San Juan Bautista

Esta es la misión donde Scottie persigue desesperadamente a Madeleine, antes de su (supuesta) caída del campanario.

Mapa de localizaciones:

Fort Point ①
Berkeley
San Francisco
Oakland
Manteca
Hayward
San Mateo
Fremont
Modest
Half Moon Bay
Palo Alto
Sunnyvale
San Jose
Big Basin Redwoods State Park ②
CALIFORNIA
Gilroy
Santa Cruz
Watsonville
Mission San Juan Bautista ③
Hollister
Salinas
Cypress Point ④
Monterey

VÉRTIGO

Las bonitas calles y el espectacular paisaje costero de San Francisco proporcionaron el marco perfecto a este relato de Alfred Hitchcock sobre un hombre perdido en un laberinto psicológico.

AÑO
1958

LOCALIZACIÓN
CALIFORNIA, EE. UU.

Pocas películas encajan tan bien en sus localizaciones como este filme de Alfred Hitchcock en San Francisco. La neblinosa ciudad californiana resultó el escenario idóneo para esta película de cine negro, en cuyas largas secuencias en vehículos aparecen varias de sus calles y monumentos. Pero el protagonismo de la ciudad supuso un gran problema, ya que el director detestaba rodar en exteriores, prefería el entorno controlado del estudio. Por ello, las secuencias de la película en escenarios naturales —como San Francisco (incluido el Golden Gate Bridge), el Big Basin Redwoods State Park y Cypress Point— se realizaron en solo 16 días. Para las tomas en Ernie's, un restaurante ahora cerrado, se recreó el local en un set y se contrató al personal como camareros.

La iglesia a la que Scottie lleva primero a Madeleine (la impostora) y luego a una reticente Judy es, sin embargo, muy real. La misión española de San Juan Bautista, de finales del siglo XVIII, fue bien aprovechada, aunque un mate (una pintura sobre vidrio colocada frente a la cámara) sustituyó el ornamentado campanario de la misión, que había quedado destruido durante un incendio. En cuanto a las inolvidables escenas en las que el director empleó el famoso efecto vértigo, se rodaron en el estudio.

Cypress Point

Scottie y Madeleine se besan en este ventoso tramo de costa. El ciprés de la escena era parte del atrezo.

CON LA MUERTE EN LOS TALONES

El imponente monumento del monte Rushmore, tallado en la pared del monte Six Grandfathers, sagrado para los lakota sioux, sirve de telón de fondo a uno de los finales más famosos del cine.

AÑO
1959

LOCALIZACIÓN
DAKOTA DEL SUR, EE. UU.

ROMERO

Romero *(p. 109)* fue ayudante de cámara en las escenas en la estación Grand Central Terminal.

HITCHCOCK

El director retrasó la producción para que James Stewart (que esperaba interpretar al protagonista) estuviera ocupado y Cary Grant (a quien Hitchcock prefería) quedara libre.

Resulta curioso descubrir que esta película de Alfred Hitchcock (considerada una de las mejores en la historia del cine) estuvo a punto de titularse *El hombre en la nariz de Lincoln*. Aunque el nombre no cuajó, la idea que inspiró la película sí. Hitchcock deseaba rodar un *thriller* de espías en el que el protagonista se ocultara de los malos dentro de la nariz de Abe Lincoln (en el monte Rushmore). Aunque no llega a meterse en ella, el ejecutivo Roger Thornhill, interpretado por Cary Grant, escapa de los espías trepando por los gigantescos rostros del monumento estadounidense. Hitchcock no consiguió el permiso para filmar en él (debido al contenido violento de la película), por lo que el equipo tuvo que ingeniar el modo de hacerlo. Combinando planos generales del monte y el parque nacional con maquetas de las famosas esculturas, consiguió recrear a la perfección lo que el director había imaginado.

Antes del famoso final, *Con la muerte en los talones* visita Chicago, Nueva York y California como parte de las aventuras de Roger Thornhill al ser confundido con otra persona. Una vez rodadas las escenas en exteriores, el equipo cinematográfico regresó a Los Ángeles para filmar en interior. Aunque los sets ya no existen, se puede seguir visitando el monte Rushmore para alzar la mirada hacia la gigantesca nariz de Abe como Hitchcock hubiera querido.

Los rostros de los presidentes tallados en el granito del monte Rushmore.

ESCONDIDOS EN BRUJAS

Unos asesinos suicidas y Bélgica en pleno invierno no parecen los ingredientes idóneos para una buena película, pero el escritor y director Martin McDonagh logra que *Escondidos en Brujas* sea una magnífica tragicomedia.

El Rozenhoedkaai, por el que pasan Ken y Ray en su visita

AÑO
2008

LOCALIZACIÓN
BRUJAS, BÉLGICA

Cuando Brendan Gleeson y Colin Farrell llegan a Brujas, admirar la arquitectura flamenca no es su única preocupación. Tras una misión que salió mal, esta extraña pareja recorre las calles de la ciudad medieval pasando junto a bellos edificios y canales helados.

Martin McDonagh conoció Brujas durante un desafortunado fin de semana romántico. Pero en vez de desanimarse por el fracaso de su relación, dedicó la estancia a explorar la ciudad y se sorprendió de su potencial cinematográfico. Brujas es conocida como la Venecia del Norte, y quizás no sea coincidencia que *Amenaza en la sombra (p. 124),* una película rodada en la ciudad italiana, sirviera de inspiración al director para *Escondidos en Brujas.* Cuando regresó para el rodaje, sus personajes se alojaron en el mismo hotel que él y visitaron muchos de los principales destinos turísticos. (Es de suponer que las violentas escenas de persecución no reflejan la visita de McDonagh a la ciudad). El Ayuntamiento de Brujas se mostró muy receptivo y permitió a McDonagh filmar en la mayoría de las zonas turísticas. Solo se le vetó el acceso a la basílica de la Santa Sangre, que fue sustituida por la iglesia de Jerusalén. El consistorio mantuvo incluso la decoración navideña (a pesar de que la producción tuvo lugar en marzo) para ayudar al director a ambientar el filme.

Brujas no tarda en convertirse en un purgatorio para los personajes y un lugar donde sus vidas están en constante peligro. Puede que con estas características *Escondidos en Brujas* no parezca muy festiva, pero técnicamente es una película navideña con villancicos, luces y asesinos escondidos.

Grote Markt

Esta hermosa plaza, situada bajo el campanario de Brujas, aparece varias veces en la película. Con sus bares y restaurantes, es un destino frecuentado por turistas.

Campanario de Brujas

La tragedia se desata en este campanario medieval —las vistas de la ciudad son maravillosas, pero hay una buena caída hasta la plaza—.

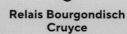

Relais Bourgondisch Cruyce

Los protagonistas se alojan en este hotel durante su exilio en Brujas.

Sint-Janshospitaal

Durante un tenso paseo turístico en barca, Ken y Ray pasan junto al hospital de San Juan, que data del siglo XI.

Rozenhoedkaai

De camino al centro, Ken y Ray pasan por el muelle del Rosario (una de las mejores vistas de la ciudad).

Gruuthusemuseum

Ken y Ray traban amistad con el reparto y el equipo de una película que se está rodando en el patio de este museo.

BRUJAS

6

LA ÚLTIMA FRONTERA

Como décadas de películas de ciencia ficción han demostrado, nuestro planeta podría pasar por cualquier otro lugar en el espacio. Alberga rincones tan sobrenaturales que un breve viaje puede transportarnos a un escenario de ciencia ficción —sean las arenas de Tattoine en *Star Wars* o los páramos helados del planeta de Mann en *Interstellar*—, y sin tener que recurrir a la nave TARDIS del Doctor Who. La Tierra es tan variada que se ha convertido en el principal destino intergaláctico.

Aunque el uso del croma haya sido un regalo para el género —ampliando el mundo a nuestro alrededor, facilitando las escenas en el espacio o creando mundos de la nada—, las mejores películas de ciencia ficción nos recuerdan que es imposible sustituir un escenario real. Por suerte, para aventurarse hasta la última frontera no hace falta abandonar este planeta.

DUNE

«Mi camino conduce al desierto», afirma Paul Atreides, el protagonista de *Dune*. El director Denis Villeneuve tomó esta frase casi de forma literal y se internó en Jordania para llevar el desértico planeta Arrakis a la gran pantalla.

AÑO
2021, 2023

LOCALIZACIÓN
**JORDANIA,
EMIRATOS ÁRABES
UNIDOS**

El título de la novela de ciencia ficción escrita por Frank Herbert en 1965 lo dice todo. Ambientada en el árido Arrakis, *Dune* relata la lucha del joven Paul Atreides y su familia por el control de este planeta, origen de una droga psicotrópica conocida como la especia. Pero, a pesar de la recompensa, Arrakis es un lugar cubierto de yermos desiertos por los que se arrastran temibles gusanos de arena.

Encontrar un lugar que reflejara este entorno tan hostil fue el primer reto al que se enfrentaron los directores que trasladaron la historia al cine. David Lynch rodó en México su versión de 1984, mientras que Denis Villeneuve exploró numerosas localizaciones para su adaptación de 2021. Como gran fan de la novela, fue muy exigente a la hora de elegir los escenarios: pasó días en un helicóptero, volando sobre desiertos para encontrar los lugares perfectos. Finalmente, decidió que el Wadi Rum de Jordania era la opción adecuada (resulta curioso que el nombre árabe de la zona signifique Valle de la Luna). El paisaje desértico de Wadi Rum es casi idéntico a las ilustraciones de Arrakis creadas en la década de 1960 por el artista John Schoenherr.

Aunque Wadi Rum era idóneo para determinadas escenas, carecía de un elemento esencial: dunas de arena. La película no podía realizarse sin ellas, de modo que Villeneuve tuvo que buscar otras localizaciones para representar las profundidades del desierto de Arrakis. El diseñador de producción Patrice Vermette —designado cazador de dunas— rastreó los desiertos de Mauritania, Chad y Libia en Google Earth y seleccionó las dunas del desierto de Liwa en Abu Dabi para el primer encuentro de Paul, el duque Leto y Gurney con un gusano de arena.

Para la continuación de 2023, *Dune: Parte Dos,* Villeneuve y su equipo regresaron a los desiertos de Emiratos Árabes Unidos y Jordania —al igual que los terroríficos gusanos de arena—.

Wadi Rum *(izquierda)* y las dunas del desierto de Liwa *(derecha),* Arrakis en la película

PROMETHEUS

El ancestral paisaje de Islandia —con descomunales glaciares y volcanes activos— se transforma en un planeta prehistórico en esta película de ciencia ficción.

AÑO
2012

LOCALIZACIÓN
ISLANDIA

En su regreso al espacio, el director Ridley Scott cambió el ambiente retrofuturista de *Alien* por la naturaleza más salvaje. En un primer momento pensó rodar en Marruecos, pero sus planes se vieron truncados por las protestas de la Primavera Árabe de 2010 y la producción se trasladó a Islandia.

El cambio funcionó, ya que el paisaje primigenio de este país encajaba a la perfección con la temática creacionista de la película. A lo largo de *Prometheus* —en la que un grupo de astronautas recorre el espacio en busca de los antepasados extraterrestres de la humanidad (los denominados Ingenieros)—, Scott muestra el espectacular territorio islandés. Se ve por primera vez en la secuencia inicial de la película, que recorre el paisaje cubierto de cráteres antes de detenerse en la increíble cascada Dettifoss; este lugar remoto representaba a la perfección la imagen que tenía Scott del principio de los tiempos. También se rodaron escenas del planeta alienígena en los alrededores del volcán Hekla, un entorno sobrenatural con un característico suelo negro y pináculos de lava.

Resulta fácil comprender por qué la NASA realizó en Islandia dos misiones de entrenamiento para astronautas en la década de 1960, y por qué Hollywood regresa una y otra vez a este país para rodar películas del espacio. La verdad es que en medio de un glaciar islandés se tiene la sensación de haber abandonado la Tierra.

INTERSTELLAR

La clave para llevar a cabo esta exitosa película de ciencia ficción no estaba en las estrellas, sino en las llanuras de Canadá y los paisajes helados de Islandia.

AÑO
2014

LOCALIZACIÓN
CANADÁ, ISLANDIA

El glaciar
Svínafellsjökull
o el planeta helado
del doctor Mann

Al director Christopher Nolan no le gustan los trucos digitales. Siempre que puede emplea efectos mecánicos, aferrando así sus películas al mundo real (a pesar de que sus historias incluyan superhéroes y conceptos metafísicos). Para *Dunkerque* (2017) rodó en el lugar de la histórica evacuación, y en *Oppenheimer* (2023) utilizó explosivos de verdad para recrear las pruebas de la bomba nuclear. *Interstellar* no fue diferente: Nolan renunció en gran medida a las imágenes generadas por ordenador para dar a su epopeya un toque realista.

Aunque Cooper, expiloto de la NASA, pasa gran parte de la película en el espacio buscando un nuevo hogar para la humanidad, *Interstellar* comienza en la Tierra. Aquí se ve su granja, que el equipo de producción construyó desde cero (incluidos los maizales) en Pekisko, Alberta.

Para recrear los planetas que Cooper visita, Nolan voló a Islandia, donde encontró localizaciones perfectas. En las escenas del planeta acuático Miller el equipo trabajó con agua hasta las rodillas durante días. (Anne Hathaway estuvo a punto de sufrir hipotermia cuando se le llenó el traje de agua helada debido a una cremallera defectuosa). Y en el glaciar Svínafellsjökull los fuertes vientos obligaron con frecuencia a detener el rodaje de las escenas en el planeta helado del doctor Mann. A pesar de las condiciones adversas, el realismo que aportó el paisaje islandés compensó con creces el intenso frío.

STAR TREK

Aunque los personajes de *Star Trek* recorrieron el espacio, el equipo de esta serie de ciencia ficción trabajó principalmente en estudios de Los Ángeles y aprovechó con frecuencia los paisajes californianos.

AÑO
1966–

LOCALIZACIÓN
CALIFORNIA, EE. UU.

Star Trek, un fenómeno de la cultura pop, se ha convertido en una de las franquicias con más beneficios económicos de todos los tiempos. Aunque trate sobre viajes interestelares, tuvo unos comienzos muy humildes, y por supuesto terrestres. Cuando se presentó el proyecto a la NBC en 1964, la serie recibió un presupuesto relativamente bajo, de modo que el rodaje tuvo que ceñirse a estudios de Los Ángeles. De hecho, hasta *Discovery* (2017) y *Strange New Worlds* (2022), realizadas en Canadá, todas las series y películas de *Star Trek* se filmaron en la ciudad californiana y sus alrededores, aprovechando los espectaculares paisajes del estado.

De todas las localizaciones en torno a Los Ángeles, hubo una en particular a la que se recurrió en múltiples ocasiones: Vasquez Rocks. Estas angulosas formaciones rocosas *(p. 164),* que se elevan en diagonal sobre el horizonte, están unos 50 km al norte de la ciudad, en la sierra Pelona. La serie visitó el lugar por primera vez para *El permiso,* un episodio de la primera temporada de *Star Trek: La serie original* (1966-1969), y regresó para el capítulo *Arena,* en el que se rodó un inolvidable enfrentamiento entre el capitán Kirk y el reptiliano Gorn. Tras múltiples apariciones en las diversas series y películas (incluidas *Misión: Salvar la Tierra, Star Trek* y *En la oscuridad),* las espectaculares rocas se representaron a sí mismas en *Star Trek: Picard* (2020).

Además de las Vasquez Rocks, otra de las localizaciones más frecuentadas fue el extenso Griffith Park, en el barrio de Los Feliz en Los Ángeles, un entorno

Las Vasquez Rocks, una localización habitual en la franquicia de *Star Trek*

El Capitán

En *Star Trek V: La última frontera,* Kirk (interpretado por William Shatner) asciende El Capitán sin cuerda. La escena se rodó en una réplica construida junto a la pared de roca.

Sunstone Winery

Picard se retira a esta preciosa bodega, construida al estilo de una mansión francesa, en la temporada que lleva su nombre.

El Mirage Dry Lake

Este árido paisaje se convirtió en el planeta Lambda Paz en el episodio *Misión final* de *La nueva generación.*

Vasquez Rocks

Estas rocas próximas a la localidad de Agua Dulce siguen siendo la localización más icónica de *Star Trek.*

Los Ángeles

El Bronson Canyon del Griffith Park aparece en varias series y películas de *Star Trek* —desde *La serie original* hasta *Star Trek VI: Aquel país desconocido*—.

Los bellos jardines de la Tillman Water Reclamation Plant se ven en varios episodios de *La nueva generación* y *Espacio profundo nueve.*

al que suelen acudir los equipos cinematográficos de Hollywood. Los episodios piloto de *La nueva generación* (1987-1994) y *Voyager* (1995-2001), en los que se presenta a personajes como el capitán Janeway, Data, Tom Paris y William Riker, se filmaron aquí. El Bronson Canyon (o Bronson Caves) del parque hizo numerosas apariciones (puede verse igualmente en la serie *Batman* de 1966-1967), y también se recurrió en ocasiones al arbolado Fern Dell y el Griffith Observatory.

Traspasando (un poco) las fronteras de Los Ángeles, el equipo de producción filmó en lugares emblemáticos de California a lo largo de toda la franquicia, en particular en San Francisco, donde tiene su sede la Flota Estelar en las series y en las películas. El director Leonard Nimoy rodó buena parte de *Misión: Salvar la Tierra* (1986) en esta ciudad, incluidas secuencias en el Golden Gate Bridge (que ha aparecido, hasta la fecha, 36 veces en la franquicia), el Golden Gate Park y el Monterey Bay Aquarium, donde Spock (el propio Leonard Nimoy) nada junto a dos ballenas jorobadas.

La Sunstone Winery de Santa Bárbara, también en el «estado dorado», se convierte en la mansión de Jean-Luc

Picard en La Barre, al este de Francia, en las tres temporadas a las que da nombre este personaje. El director Hanelle Culpepper quiso rodar estas escenas en localizaciones galas, pero por cuestiones prácticas —igual que en la serie original— no pudo. Resulta paradójico que, en una franquicia de ciencia ficción en la que se recorren diversos planetas, haya bastado un solo estado para proporcionar una galaxia de localizaciones increíbles.

La Sunstone Winery de California, refugio perfecto para el almirante retirado Jean-Luc Picard

WESTWORLD (2016–2022) ▶
Las Vasquez Rocks regresan al salvaje Oeste en la primera temporada de *Westworld*. Aquí se ubica una localidad que visitan Dolores y William en su viaje.

LA PELÍCULA DE LOS TELEÑECOS (1979)
En la primera película de los teleñecos, el malvado Doc Hopper se reúne frente a las rocas con Snake Walker, un siniestro asesino de ranas al que ha contratado para acabar con Gustavo.

VASQUEZ ROCKS

Estas antiguas rocas, que se elevan impresionantes sobre el árido paisaje, han participado regularmente en *Star Trek*. Aunque este no ha sido en absoluto su único papel.

Las Vasquez Rocks, una escarpada fortaleza en el desértico paisaje al norte de Los Ángeles, han aparecido muchas veces en la franquicia de *Star Trek (p. 162)* como planetas extraterrestres. Pero estas formaciones —resultado de decenas de millones de años de movimientos sísmicos— comenzaron su carrera cinematográfica en los wésterns. Aquí se rodaron multitud de películas del salvaje Oeste, como *Corazones del Oeste* (1975) y *Sillas de montar calientes* (1974). El escenario era apropiado: las rocas tomaron nombre de Tiburcio Vasquez, un bandido del siglo XIX que se ocultaba en ellas, y es que sus recovecos ofrecen un escondite perfecto para un pistolero.

En la otra frontera salvaje (el espacio), estas formaciones de arenisca no fueron únicamente un lugar frecuentado por Kirk y compañía. También sirvieron de telón de fondo a otros clásicos de la ciencia ficción, como *El alucinante viaje de Bill y Ted* (1991) y *El planeta de los simios* (2001). Podría decirse, por tanto, que las Vasquez Rocks han tenido una carrera larga y próspera.

BUFFY, CAZAVAMPIROS
(1997–2003) ▶

En *Sin descanso*, el último episodio de la temporada 4, Buffy se enfrenta aquí con la Primera Cazadora en un sueño repleto de acción.

EL ALUCINANTE VIAJE DE BILL Y TED (1991)

Las rocas sirvieron de escenario al encuentro de Bill y Ted con la Muerte. La figura encapuchada intenta llevárselos al otro mundo, pero falla de forma cómica.

STAR WARS

Hace mucho tiempo, George Lucas rodó en localizaciones reales para transportarnos a una galaxia muy, muy lejana. Hoy, tras numerosas películas y series, *Star Wars* sigue buscando inspiración en el planeta Tierra.

¿LO SABÍAS?

TATOOINE
Este planeta desértico (hogar de Luke Skywalker) tomó nombre de la ciudad tunecina de Tataouine.

DRAGÓN KRAYT
El imponente esqueleto de dragón krayt que encuentra un confuso C-3PO al comienzo de la primera película quedó en el desierto tras el rodaje.

AÑO
1977-

LOCALIZACIÓN
TODO EL MUNDO

La huida de C-3PO y R2-D2 en la nave de la princesa Leia y su aterrizaje forzoso en el desértico Tatooine cambiaron el cine para siempre. Desde esta icónica escena de la primera película de *Star Wars* (más adelante rebautizada *Una nueva esperanza),* la franquicia espacial de George Lucas se ha convertido en un fenómeno global, dando lugar a videojuegos, series de televisión, atracciones en parques temáticos y miles de coleccionables.

Y todo comenzó en Tatooine, un planeta ficticio con dos soles gemelos e infinidad de habitantes extraños. Aunque este nuevo mundo parecía muy lejano, Lucas se aseguró de que resultara creíble filmando en lugares reales de Túnez y desarrollando personajes cercanos. Era un mundo de ciencia ficción que parecía verdadero, un universo inspirado tanto en los wésterns clásicos como en la tecnología futurista de *Star Trek (p. 162).*

Teniendo en cuenta los logros de la franquicia, cuesta creer que el equipo llegara a dudar del éxito de la primera película. En solo un par de días, la producción

en Túnez sufrió un retraso enorme, ya que el árido desierto (escenario de Tatooine) había quedado convertido en un barrizal tras la mayor tormenta caída en la región en medio siglo. Y más adelante crear los efectos visuales para las escenas en el espacio se volvió una pesadilla. Con tales obstáculos, sorprende que la película llegara a los cines.

Cuando lo hizo, *Una nueva esperanza* (1977) se convirtió en el filme más taquillero de la década de 1970, y fue inevitable realizar una secuela. Las aventuras de los personajes de Lucas (Luke Skywalker, la princesa Leia y Han Solo) continuaron en *El Imperio contraataca* (1980) y el universo de *Star Wars* se expandió. Conceder a cada planeta su propia identidad visual fue crucial para el desarrollo de este nuevo entorno. El planeta Dagobah de Yoda estaba cubierto de pantanos, mientras que el planeta Bespin era un gigante gaseoso. Estos dos mundos se

La casa donde pasa su infancia Skywalker *(derecha)* y el decorado aún en pie de Tatooine *(izquierda),* ambos en Túnez

crearon en un estudio, pero para el planeta helado de Hoth el equipo rodó de nuevo en escenarios reales, esta vez en la nevada Noruega.

Por desgracia, la ansiada localización no tardó en convertirse en una traba: el invierno más frío de Noruega en un siglo causó estragos en la producción. El equipo quedó brevemente aislado en el pueblo de montaña de Finse y algunos de los escenarios elegidos se volvieron inaccesibles —hubo escenas que terminaron rodándose junto al hotel Finse 1222, donde el equipo estaba alojado—. Después de tantas adversidades, habría resultado comprensible que Lucas no hubiera vuelto a rodar *Star Wars* en exteriores. A pesar de todo, *El retorno del Jedi* (1983), cierre de la trilogía, regresó a Tatooine, pero esta vez el Death Valley fue el planeta desértico y el bosque de Cheatham Grove la arbolada Endor, ambos en el estado de California.

Cuando Lucas volvió a la galaxia de *Star Wars* para realizar la esperada trilogía de precuelas, se introdujeron muchos cambios. El uso de increíbles decorados y mates para mejorar las localizaciones de la trilogía original se volvió habitual, aunque en la década de 1990 las imágenes digitales ya eran una herramienta muy empleada por los creativos de Hollywood. En 1997 las reediciones de la trilogía original proporcionaron a las películas de Lucas un cambio de imagen generado por ordenador. Y para la primera precuela, *La amenaza fantasma* (1999), se construyeron mundos enteros a base de píxeles.

Pero, a pesar de la libertad creativa que ofrecían las imágenes digitales, las

El sobrenatural Salar de Uyuni, en Bolivia, como aparece en *Los últimos Jedi*

ISLANDIA
Reynisfjara 5
NORUEGA FINLANDIA
Hardangerjøkulen 6 SUECIA
RUSIA
Derwentwater 7 DINAMARCA
REINO
IRLANDA UNIDO ALEMANIA
Skellig Michael 8 9 **Puzzlewood** POLONIA
BIELORRUSIA
FRANCE UCRANIA
KAZAJISTÁN
RUMANÍA
Villa del Balbaniello 10
ITALIA 11 **Dubrovnik** UZBEKISTÁN KIRGUISTÁN
Palacio Real 12 TURKMENISTÁN
ESPAÑA **de Caserta** CHINA
TURQUÍA
Plaza de España 13 GRECIA
TÚNEZ AFGANISTÁN
Tozeur 14 15 **Hotel Sidi Idriss** IRAK IRÁN
MARRUECOS 16 **Wadi Rum** PAKISTÁN
ARGELIA LIBIA EGIPTO ARABIA
SAUDÍ 17 **Rub' al Khali** INDIA
MAURITANIA OMÁN
MALI NÍGER YEMEN
SENEGAL CHAD SUDÁN *Océano*
GUINEA *Índico*
COSTA NIGERIA ETIOPÍA SRI
DE CAMERÚN LANKA
MARFIL KENIA
GABÓN REPÚBLICA **Atolón Laamu** 18
DEMOCRÁTICA
DEL CONGO TANZANIA
ANGOLA
Océano ZAMBIA
Atlántico NAMIBIA ZIMBABUE
BOTSUANA MADAGASCAR

SUDÁFRICA

8

①

Cheatham Grove
En este bosque de secuoyas gigantes se filmaron las escenas en moto deslizadora por la luna de Endor de *El retorno del Jedi.*

② **Death Valley**
Tras quedarse sin tiempo ni dinero durante el rodaje en Túnez de *Una nueva esperanza,* el equipo filmó varias escenas con el reptador de las arenas Jawa en este desierto.

③ **Templo de Tikal**
George Lucas vio este templo maya en un cartel turístico y envió un equipo a Guatemala para filmarlo como sede de la base rebelde en *Una nueva esperanza.*

④ **Salar de Uyuni**
El mayor salar del mundo (una llanura blanquecina en Bolivia) es donde la

resistencia frena el ataque de la Primera Orden a Crait en *Los últimos Jedi.*

⑤ **Reynisfjara**
Rogue One (2016) comienza con la llegada de una nave a esta playa islandesa de arena negra (el planeta Lah'mu).

⑥ **Hardangerjøkulen**
El planeta helado Hoth de *El Imperio contraataca* se filmó en este glaciar noruego.

⑦

Derwentwater
Aquí tiene lugar la batalla entre los bombarderos de la Resistencia y los cazas TIE de la Primera Orden en *El despertar de la fuerza.*

⑧

Skellig Michael
Luke Skywalker se refugia de su pasado en la abrupta isla de Ahch-To, o Skellig Michael, en *El despertar de la fuerza* y *Los últimos Jedi.*

⑨ **Puzzlewood**
Este denso bosque de Gloucestershire sirvió de localización para Takodana, donde se halla el castillo de Maz Kanata.

⑩ **Villa del Balbianello**
Padmé y Anakin escapan a esta villa del lago Como modificada por ordenador en *El ataque de los clones* (2002).

⑪ **Dubrovnik**
Las calles de esta antigua localidad croata aparecen en *Los últimos Jedi* como Canto Bight, una ciudad casino en el planeta de Cantonica.

⑫ **Palacio Real de Caserta**
Esta antigua residencia de la realeza italiana se convierte en el Palacio Real de Theed en *La amenaza fantasma* y *El ataque de los clones.*

⑬

Plaza de España
En *El ataque de los clones,* Padmé y Anakin recorren esta plaza sevillana. La zona se convirtió en la ciudad de Theed, del planeta Naboo.

⑭ **Tozeur**
El decorado de la ciudad de Mos Espa, hogar de Anakin Skywalker en Tattoine, se conserva cerca de Tozeur, en Túnez. No muy lejos está el lago salado de Chott el Djerid, donde se dejó la casa en forma de iglú de Skywalker tras el rodaje de *Una nueva esperanza.*

⑮

Hotel Sidi Idriss
Este hotel, en la localidad tunecina de Matmata, prestó su interior a la casa donde creció Luke en *Una nueva esperanza.*

⑯ **Wadi Rum**
Este desierto jordano fue el planeta Pasaana en *El ascenso de Skywalker* (2019) y la luna Jedha en *Rogue One.*

⑰ **Rub' al Khali**
En *El despertar de la fuerza,* el planeta de Jakku se filmó en este desierto de Emiratos Árabes Unidos.

⑱ **Atolón Laamu**
Estas islas en las Maldivas se transformaron en el planeta Scarif en *Rogue One.*

tres precuelas no lograron capturar la magia tangible de sus predecesoras. Tras la multimillonaria adquisición de Lucasfilm por parte de Disney en 2012, el director J. J. Abrams recuperó los escenarios reales para el regreso de la saga en *El despertar de la fuerza* (2015). Además de añadir un nuevo planeta desértico a la galaxia (las escenas de Jakku se rodaron en Abu Dabi), el equipo de producción filmó en Irlanda y Reino Unido, y visitaron el Derwentwater del Distrito de los Lagos, el Puzzlewood de Gloucestershire y el antiguo aeró-

Puzzlewood, donde Rey se encuentra con Ren en *El despertar de la fuerza*

BUSCA AL FAMOSO

La trilogía de secuelas de *Star Wars* incluye muchos cameos. Daniel Craig interpreta a un soldado imperial y Simon Pegg es Unkar Plutt en *El despertar de la fuerza*. Y se dice que Tom Hardy y los príncipes Guillermo y Harry hicieron de soldados imperiales en escenas eliminadas de *Los últimos Jedi*.

dromo de la RAF en Greenham Common. En *El despertar de la fuerza* apareció también el escondite de Luke Skywalker, la isla irlandesa de Skellig Michael, que proporcionó un telón de fondo tan impresionante como cualquier otro creado por ordenador. Una curiosidad: durante el rodaje de *Los últimos Jedi* (2017) en esta misma isla, los frailecillos no

dejaban de colarse en los planos; en vez de eliminarlos de forma digital, el equipo terminó sustituyéndolos por *porgs* virtuales.

Disney+ ha desplazado las prioridades de *Star Wars* hacia la televisión, lo que ha supuesto una nueva evolución. *El mandaloriano* (2019-), *El libro de Boba Fett* (2021-2022) y *Obi-Wan Kenobi* (2022) se han filmado empleando el StageCraft, un vasto set con pantallas LED que rodean a los intérpretes. En estas enormes paredes pueden proyectarse imágenes grabadas en escenarios naturales, lo que permite a los actores interactuar con un entorno «real». Esta tecnología, cada vez más popular, se está convirtiendo en una alternativa al croma (con el que las imágenes de fondo se añaden en la posproducción, no durante el rodaje). Como explicó Jon Favreau, creador de *El mandaloriano*: «[ahora] la localización viene a los actores».

Viajar a una galaxia muy, muy lejana es (de momento) imposible, pero se pueden recorrer los lugares en los que se realizó la saga de Lucas. Basta con ver los desiertos de Túnez o la isla de Skellig Michael para que el famoso tema principal del compositor John Williams venga a la mente.

La abrupta isla irlandesa de Skellig Michael, hogar de Luke Skywalker en *El despertar de la fuerza*

TÚNEZ EN LA GRAN PANTALLA

Túnez, localización original de Tatooine, ha llegado a ser uno de los lugares de rodaje favoritos de Hollywood.

LA VIDA DE BRIAN DE LOS MONTY PYTHON
(1979)

Cuando Brian Cohen, un niño muy malo, les dice a los romanos que se marchen a casa, está en realidad en Túnez. Varias localizaciones del país, como el *ribat* de Monastir, se convirtieron en Tierra Santa.

EN BUSCA DEL ARCA PERDIDA
(1981)

El productor George Lucas regresó a Túnez con Harrison Ford para la primera aventura de Indiana Jones *(p. 86)*. La mayoría de las escenas en las que aparece Egipto se rodaron en Kairouan, incluido el momento en el que Indy dispara al espadachín.

EL PACIENTE INGLÉS
(1996)

La galardonada película de Anthony Minghella, basada en la novela de Michael Ondaatje, se rodó en varias localizaciones de Túnez. Tunis, Mahdia y Sfax se convirtieron en El Cairo de la década de 1930 en el filme.

ENCUENTROS EN LA TERCERA FASE

Cuando los alienígenas de Steven Spielberg aterrizaron en la Devils Tower de Wyoming, el misterioso monolito se convirtió en un monumento de película. Pero esta curiosa formación estaba rodeada de mitos mucho antes de que aparecieran los extraterrestres.

AÑO
1977

LOCALIZACIÓN
WYOMING, ESTADOS UNIDOS

Tras el estresante rodaje de *Tiburón (p. 112)* en las aguas de Martha's Vineyard, Steven Spielberg aseguró que su siguiente película, *Encuentros en la tercera fase,* se filmaría en un estudio, sin tomas en exteriores. Pero la envergadura de este relato de la era espacial obligó al director a cambiar de opinión (algo de lo que luego se arrepentiría, ya que el filme fue, según sus propias palabras, «el doble de horrible y el doble de caro» que *Tiburón*).

Gran parte de *Encuentros en la tercera fase* se rodó en Mobile, Alabama, donde dos hangares del Brookley Field Industrial Complex albergaron los enormes decorados de la película. En el entorno natural, Devils Tower, una formación de roca ígnea que se eleva 385 m sobre el paisaje de Wyoming, tomó un protagonismo ahora icónico. Este singular promontorio se convirtió en el primer monumento nacional de Estados Unidos en 1906. Además, es un lugar sagrado para varios grupos tribales, todos ellos con leyendas asociadas a él. El pueblo cheyenne lo conoce como la guarida del Oso, animal que según afirman abrió con las garras las estrías de la roca. La torre está apartada de cualquier población importante, por lo que no presenta contaminación lumínica. Fue esta calidad del cielo lo que animó a Spielberg a transformar la roca en una gigantesca antena intergaláctica, que no solo atrajo a los extraterrestres, sino que condujo a los seres humanos (entre ellos, a Roy Neary, interpretado por Richard Dreyfuss) a un encuentro que ni en sueños hubieran imaginado.

La maqueta de Devils Tower que creó en su salón Roy Neary, obsesionado con los ovnis

La colosal Devils Tower, maravilla natural y lugar de aterrizaje de la nave extraterrestre

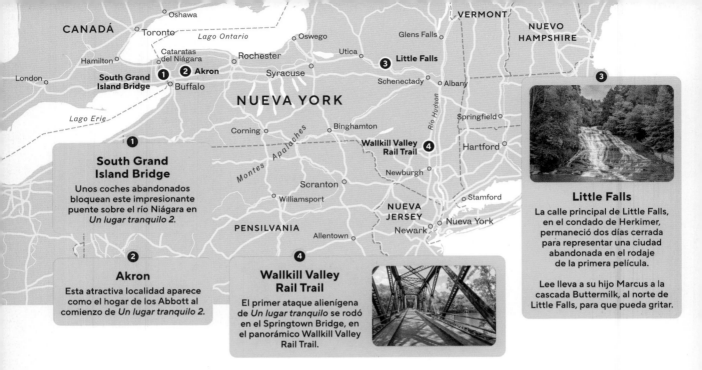

CANADÁ

Oshawa

Toronto

Lago Ontario

Oswego

Rochester

Utica

❸ Little Falls

VERMONT

NUEVO
HAMPSHIRE

Hamilton

Cataratas
del Niágara

❶

❷ Akron

Syracuse

Glens Falls

Schenectady

Albany

London

**South Grand
Island Bridge**

Buffalo

Lago Erie

NUEVA YORK

Springfield

Río Hudson

❸

Corning

Binghamton

Hartford

❶

**South Grand
Island Bridge**

Unos coches abandonados
bloquean este impresionante
puente sobre el río Niágara en
Un lugar tranquilo 2.

Montes Apalaches

Scranton

Williamsport

**Wallkill Valley
Rail Trail** **❹**

Newburgh

PENSILVANIA

Stamford

NUEVA
JERSEY

Nueva York

Newark

Allentown

❷

Akron

Esta atractiva localidad aparece
como el hogar de los Abbott al
comienzo de *Un lugar tranquilo 2.*

❹

**Wallkill Valley
Rail Trail**

El primer ataque alienígena
de *Un lugar tranquilo* se rodó
en el Springtown Bridge, en
el panorámico Wallkill Valley
Rail Trail.

Little Falls

La calle principal de Little Falls,
en el condado de Herkimer,
permaneció dos días cerrada
para representar una ciudad
abandonada en el rodaje
de la primera película.

Lee lleva a su hijo Marcus a la
cascada Buttermilk, al norte de
Little Falls, para que pueda gritar.

UN LUGAR TRANQUILO

La calma es total en esta tensa película de ciencia ficción, cuyas
localizaciones en el estado de Nueva York aseguran que cada encuentro
con los extraterrestres parezca asombrosamente real.

AÑO
2018, 2020

LOCALIZACIÓN
**NUEVA YORK,
ESTADOS UNIDOS**

Cuando los seres humanos son
diezmados por unas criaturas
extraterrestres que aprovechan
su agudo sentido del oído para cazar,
cualquier sonido puede marcar la dife-
rencia entre la vida y la muerte. Pero,
dejando a un lado la regla de «no hagas
ningún ruido» (pocas veces comer palo-
mitas en el cine ha resultado tan incó-
modo), la película narra la historia de
una familia que lucha por sobrevivir.

De hecho, el que todo resulte tan cercano es una de las principales razones de
su éxito. El director John Krasinski decidió
rodar en escenarios reales en el estado
de Nueva York, convirtiendo los bosques
y localidades de la zona en coto de caza

para unos invasores alienígenas con un
oído muy fino. El aislamiento es la mejor
opción para la supervivencia, de modo
que la familia Abbott convierte una granja
remota (en Pawling, Nueva York) en su
fortaleza. Las escenas cruciales tienen
lugar aquí, aprovechando al máximo los
maizales circundantes —que no existían
antes de la película—. El equipo de producción adquirió 20 toneladas de maíz y
contrató a agricultores locales para que
lo cultivaran hasta que alcanzara altura
suficiente para esconder a un alienígena.

Un lugar tranquilo tuvo tanto éxito que
fue inevitable la realización de una secuela, que volvió a dejar alienígenas suel-
tos por el estado de Nueva York.

DEPREDADOR Y PREDATOR: LA PRESA

Al ubicar los terrenos de caza del *Depredador* en las sofocantes selvas de México y los ríos helados de Canadá, la franquicia resultó un verdadero reto para los actores.

AÑO
1987, 2022

LOCALIZACIÓN
MÉXICO, CANADÁ

Desde su estreno en 1987, *Depredador* ha adquirido fama de ser una de las franquicias de terror alienígena más intensas de todos los tiempos. Esta reputación tiene bastante que ver con el duro rodaje de la primera película en la húmeda selva de Mismaloya (cerca de Puerto Vallarta) y las cascadas próximas a Palenque (incluida la increíble Misol-Ha), en México.

Los actores de *Depredador* debían parecer soldados de las fuerzas especiales (y ser capaces de enfrentarse a un cazador alienígena), de modo que se contrató al asesor militar Gary Goldman para ponerlos a prueba. Con él llegaron las extenuantes carreras por la selva (repleta de hormigas rojas y serpientes coral) y el entrenamiento con armas bajo el sol, una preparación que se endureció al comenzar el rodaje. A la cabeza del intenso programa de ejercicios estaba Arnold Schwarzenegger (el mayor Dutch en la película), que dirigía las rutinas diarias del elenco en un gimnasio montado en el salón de baile del hotel.

Tres décadas y cuatro películas después, la franquicia se trasladó a las grandes llanuras norteamericanas para un relato más minimalista, pero con un rodaje igual de extenuante. Amber Midthunder entrenó cuatro semanas para preparar su papel protagonista en *La presa,* en la que tuvo que nadar por ríos glaciales y empuñar hachas de guerra. Gran parte del filme se rodó en el pueblo nakoda, mostrando el impresionante paisaje de Alberta (Canadá) y proporcionando una imagen diferente de la vida comanche en el siglo XVIII. Y en medio de todo ello, un depredador intergaláctico casi imposible de matar.

La selva de Mismaloya, coto de caza del Depredador

HAY QUE IR MÁS RÁPIDO

Cuando escapa de los extraterrestres, Jeff Goldblum repite esta frase que había pronunciado en *Parque Jurásico (p. 94)* como un guiño al director Steven Spielberg.

ENOLA GAY

El bombardero B-29, desde el que se lanzó la primera bomba atómica del mundo, estuvo en la base aérea de Wendover.

K-Y JELLY

Los extraterrestres estaban recubiertos de lubricante K-Y Jelly para darles un aspecto viscoso. Había que aplicarlo con regularidad porque, con el calor, el gel se evaporaba en minutos.

INDEPENDENCE DAY

La actitud con la que llegan a la Tierra los extraterrestres tecnológicamente avanzados de este exitoso filme de ciencia ficción les impide prever la reacción de un valiente marine estadounidense.

AÑO
1996, 2016

LOCALIZACIÓN
UTAH,
ESTADOS UNIDOS

Gran parte del metraje de *Independence Day* se recrea en la destrucción de los edificios más famosos de Estados Unidos, aunque las escenas que se rodaron en un espacio natural poco conocido resultan igual de inolvidables. El salar de Bonneville, una llanura infinita de un blanco cegador, se extiende por el vasto desierto del noroeste de Utah. El lugar es perfecto para simular cualquier paisaje extraterrestre.

El salar de Bonneville aparece por primera vez cuando el capitán Stephen Hiller arrastra a su prisionero alienígena hasta la cercana base aérea de El Toro. Es una escena memorable no solo por el excepcional paisaje, sino por el aporte cómico de Will Smith en el papel de Hiller. Tras insultar a su prisionero inconsciente, Smith suelta una frase que no estaba en el guion: «¿Qué demonios es ese olor?». En invierno, el salar se cubre con una fina película de agua, en la que millones de artemias, un crustáceo de aguas salobres, ponen sus huevos para que eclosionen en primavera. Al morir y descomponerse, despiden un olor pútrido —lo bastante fuerte para obligar a una estrella de Hollywood a improvisar su disgusto ante la cámara—.

El director Roland Emmerich regresó a la zona para filmar la batalla crucial de la secuela *Independence Day: Contraataque,* pero un vendaval había cubierto el

El aeropuerto de Wendover, la base aérea de El Toro y el Área 51 en la película

salar de tierra, aportándole un tono *beige.* Por suerte, el espectáculo de un alienígena de 67 m de alto persiguiendo a un autobús escolar proporcionó suficiente distracción para no fijarse en ello.

El cercano aeropuerto de Wendover (base aérea hasta 1965) se convirtió en la base de El Toro y el Área 51, donde el presidente Whitmore ofrece su alentador discurso a la humanidad desde la parte trasera de un camión blindado. En cierto momento de la producción, el ejército estadounidense ayudó con el atrezo, los vehículos y las localizaciones, pero no tardó en retirar su apoyo cuando el estudio se negó a eliminar del guion las referencias al Área 51. Para los conspiranoicos, este movimiento huele tan mal como el propio salar de Bonneville.

El árido salar por el que el personaje de Will Smith arrastra a su prisionero alienígena

¡ATAQUE ALIENÍGENA!

Cuando se trata de invasiones extraterrestres, hay ciudades (y monumentos muy famosos) que no suelen salir bien parados, así que más vale evitar estos lugares, por si aparecen los hombrecillos verdes.

LOS ÁNGELES, EE. UU.

Además de terremotos, contagios e incluso un tornado cargado de tiburones, Los Ángeles ha sufrido ataques extraterrestres. Su destrucción en pantalla empezó con *La guerra de los mundos* en 1953 (para la invasión se usaron miniaturas y marionetas) y continuó con *Invasión a la Tierra* (2011). La segunda se filmó en Luisiana, donde el equipo de producción construyó una enorme réplica de la ciudad en Baton Rouge.

LA CASA BLANCA, EE. UU.

Los ataques a la Casa Blanca en el cine superan en número a las nominaciones de Meryl Streep a los Óscar, y los culpables son a menudo extraterrestres. Desde que se convirtiera en objetivo de una invasión alienígena en el clásico *La Tierra contra los platillos volantes* (1956), ha sido destruida por los marcianos en *Mars Attacks!* (1996) y reducida a escombros por una nave espacial en *Independence Day (p. 176)*.

MONTE RUSHMORE, EE. UU.

En *Superman II* (1980) y *Mars Attacks!*, invasores procedentes del espacio exterior sustituyen a los presidentes de este monumento estadounidense por sus propios gobernantes. Para estas escenas, en las que lógicamente no se modificaron las esculturas reales, se usaron maquetas.

NUEVA YORK, EE. UU.

«Les gustan los monumentos», afirma el personaje interpretado por Jeff Goldblum en *Independence Day: Contraataque (p. 176)*. Y tiene razón, sobre todo los de Nueva York. Los alienígenas destruyen el Empire State Building en la primera película de *Independence Day*. La ciudad también sirve de cuartel general a la agencia que combate los extraterrestres en *Men in Black* (1997), filme en el que los comportamientos raros se explican como típicos del espacio exterior.

LONDRES, REINO UNIDO

En *Attack the Block* (2011), un edificio de viviendas sociales (ahora demolido) en el barrio londinense de Elephant and Castle se convierte en el epicentro de la acción cuando un grupo de adolescentes tiene que enfrentarse a unos extraterrestres peludos y con colmillos fluorescentes. Pero esta no es la primera vez que Londres ha sido atacada por seres de otro planeta; en *Doctor Who (p. 180)* invaden Canary Wharf y Westminster, mientras que Greenwich se convierte en el campo de batalla en *Thor: El mundo oscuro* (2013).

1 Vista de Los Ángeles antes de la llegada de los extraterrestres

2 Destrucción de la Casa Blanca, en Washington, DC, en *Independence Day*

3 Esculturas del monte Rushmore, a menudo vandalizadas por los alienígenas

4 La estatua de la Libertad, un monumento a conquistar

5 El Heygate Estate (antes de su demolición), invadido por alienígenas en *Attack the Block*

1

2

3

4

5

DOCTOR WHO

A pesar de tener todo el tiempo y el espacio a su disposición, el Doctor, un señor del tiempo en constante cambio, vive frecuentes aventuras en la Tierra, especialmente en Reino Unido.

La Torre de Londres, la inesperada sede de la organización UNIT a partir de 1999

AÑO
1963–

LOCALIZACIÓN
INGLATERRA, GALES

Desde el estreno de *Doctor Who* en 1963, el Doctor y su inseparable TARDIS han viajado a través del tiempo y el espacio —ganándose el corazón de los fans por el camino—. Con más de medio siglo de vida, esta serie de la BBC jamás ha tenido miedo al cambio, como demuestra la renovación continua de su protagonista. Sin embargo, hay algo que se ha mantenido inalterable a lo largo de las décadas: la filmación casi siempre se ha realizado en Reino Unido, independientemente del planeta o la época visitada por el Doctor.

Durante su primera etapa, *Doctor Who* se filmó en los (ahora desaparecidos) Lime Grove Studios de Londres, con algunas incursiones por las calles circundantes. La ecléctica arquitectura de la capital británica, sus callejones y sus monumentos eran perfectos para los enfrentamientos con alienígenas. El episodio de la temporada 2, *Los dalek invaden la Tierra,* reparte criaturas extraterrestres por los lugares más conocidos de la ciudad, y en el episodio de la temporada 5, *La red del miedo,* unos peludos Yeti recorren el metro de Londres. La serie no consiguió el permiso para rodar en los túneles y se construyó un decorado tan realista que London Transport amenazó con demandar a la BBC.

2

Westminster Bridge

En *Los dalek invaden la Tierra,* con William Hartnell en el papel del Doctor, este puente aparece salpicado de dalek.

3

Theed St

El episodio *El recuerdo de los dalek,* en el que Sylvester McCoy interpreta al Doctor, se filmó en esta histórica calle.

4

Clink St

Las garras de Weng-Chiang, en la etapa de Tom Baker, se rodó en esta calle próxima a Borough Market.

5

Torre de Londres

La fortificada Torre de Londres es la sede de la organización UNIT en la segunda etapa de la serie.

Brandon Estate

Esta urbanización de Southwark es la residencia de Rose Tyler en la serie moderna.

The Shard

El Doctor interpretado por Matt Smith se detiene en St Thomas Street antes de subir con su moto por la fachada de este edificio en *Las campanas de San Juan.*

PRODUCCIONES RODADAS EN BAD WOLF BAY

La hermosa Southerndown Strand ha sido mucho más que una playa en un mundo paralelo.

MERLÍN
(2008–2012)

Este drama fantástico, con Colin Morgan en el papel protagonista, mostró la belleza natural de esta playa en *El laberinto de Gedref*, un episodio de la primera temporada.

SHERLOCK
(2010–2017)

Esta serie *(p. 142)*, rodada en su mayoría en Gales, pasa por Southerndown Strand en *El problema final*, en la cuarta y última temporada. La playa se ve cuando los helicópteros llegan a la prisión de alta seguridad de Sherrinford.

CORAZONES DE FUEGO
(1987)

Esta película protagonizada por Bob Dylan relata la historia de una estrella del rock y su joven protegida. No se ganó el corazón de la crítica, pero mostró la playa en todo su esplendor.

Doctor Who dejó de emitirse en 1989, pero —al igual que el protagonista se regenera para eludir la muerte— la serie regresó en 2005. En esta ocasión Londres dejó de ser el centro del universo del señor del tiempo. La BBC dispersó la producción de sus programas por varias regiones de Reino Unido en la década de 2000, y Russell T. Davies, nuevo creador de *Doctor Who*, trasladó el tiempo y el espacio a Cardiff. El éxito del «nuevo Who» proporcionó fondos para una base de producción permanente: Roath Lock Studios, por cuyos pasillos podían avanzar dos dalek juntos.

Como nueva sede de *Doctor Who* (y la serie asociada *Torchwood)*, la ciudad de Cardiff se convirtió en escenario habitual para las tomas en exteriores. La Roald Dahl Plass pasó a ser una estación de repostaje para la TARDIS, y su Water Tower, la brillante estructura de 21 m en la que se estableció la organización que combate la amenaza extraterrestre en la nueva serie, empezó a conocerse como Torchwood Tower.

Los pintorescos alrededores de Cardiff proporcionaron diversos escenarios. Las ondulantes colinas con casitas se convirtieron en pueblos ingleses, los bosques se transformaron en mundos alienígenas y la playa de Southerndown Strand pasó a ser Bad Wolf Bay (donde el Doctor y Rose Tyler se despiden entre lágrimas).

Además de impresionantes paisajes, Gales aportó castillos a los episodios históricos. El castillo de Cardiff, construido en el siglo XI, es una localización habitual. Aparece en los episodios *La carne rebelde* y *Las casi personas* de la temporada 6, con sus sombríos pasillos invadidos de dobles malvados. La biblioteca del castillo también aparece como la biblioteca de la TARDIS en *Viaje al centro de la TARDIS* (temporada 7), donde se ve por primera vez una estancia de la nave.

El rodaje de las siguientes temporadas continuará realizándose en Gales (desde 2023 se trasladó de Roath Lock a Bad Wolf Studios), de modo que la lista de localizaciones en Cardiff y sus alrededores sigue creciendo. Por suerte, las distancias en el Reino Unido son cortas, de modo que no es necesario una TARDIS para visitarlas.

Southerndown Strand, donde Rose y el Doctor se despiden

1 National Botanic Garden of Wales
40 km

Pontypridd

Cwmbran

Río Ebbw

Newport

Caldicot

5 Caerphilly Castle

Caerphilly

6 Tredegar House

Llantrisant

Río Taff

Thornhill

Pyle

Pencoed

Pentwyn

Bridgend

GALES

4 Llandaff City

Penylan

Canal de Bristol

Porthcawl

Ely

Ver plano de Cardiff, abajo

Portishead

INGLATERRA

Cowbridge

2 Southerndown Strand

3 Dyffryn Gardens

7 Roald Dahl Plass

Penarth

Llantwit Major

Barry

CARDIFF

PARK PLACE

NORTH ROAD

Bute Park

8 National Museum Cardiff

BLVD DE NANTES

9 Cardiff Castle

QUEEN STREET

NEWPORT RD

CASTLE ST

River Taff

HIGH ST

THE HAYES

10 Queens Arcade

ADAM ST

(1)

National Botanic Garden of Wales
Este enorme jardín botánico fue el Centro Hidropónico en *Las aguas de Marte,* con David Tennant como el Doctor.

(2) Southerndown Strand
Esta zona costera ocupa un lugar especial en el universo del Doctor Who por su inolvidable papel como Bad Wolf Bay.

(3) Dyffryn Gardens
El parque botánico se convirtió en los jardines de Versalles en *La chica en la chimenea.*

(4)

Llandaff City
Leadworth, pueblo natal de Amy Pond en *El último momento,* se filmó en Llandaff City, otra localización habitual en la serie.

(5) Caerphilly Castle
Este castillo se convierte en un monasterio en *La carne rebelde* y aparece también en *Los vampiros de Venecia.*

(6)

Tredegar House
Esta mansión histórica es otra localización habitual. Aparece en *Diente y garras* y como el interior de Versalles en *La chica en la chimenea.*

(7) Roald Dahl Plass
La serie moderna se filmó en Roath Lock Studios y se recurrió con frecuencia a esta plaza cercana para los exteriores.

(8)

National Museum Cardiff
Este museo forma parte de muchos episodios, entre ellos *Vincent y el Doctor,* en el que se convierte en el Musée d'Orsay de París.

(9) Cardiff Castle
El castillo aparece con frecuencia en la serie, como en los episodios *La carne rebelde* y *Las casi personas.*

(10) Queens Arcade
El primer episodio del «nuevo Who» comienza con unos maniquíes atacando a Rose Tyler en esta galería comercial.

7

LA EMOCIÓN DE LA PERSECUCIÓN

Basta con mencionar una conocida película de acción para que nos vengan a la mente escenas particularmente impactantes: el agente especial Bond persiguiendo a algún villano por las calles de Estambul, Máximo buscando venganza en el Coliseo de la antigua Roma o Bruce Willis suspendido del Nakatomi Plaza. Nos encanta ver una buena pelea o una emocionante persecución, y si la secuencia está bien hecha, nos arrastra con ella, animando al protagonista mientras despacha a un nuevo enemigo.

Pero toda escena de acción requiere un viaje, y estos necesitan localizaciones adecuadas. Las más memorables logran una simbiosis perfecta entre personaje y escenario, y en las películas más audaces, estos escenarios suelen ser grandes: imponentes rascacielos, volcanes humeantes, dunas infinitas e incluso túneles oceánicos. Dondequiera que se desate la acción, las localizaciones son a menudo tan épicas como el torbellino que albergan.

JAMES BOND

Desde sus comienzos, la franquicia de *James Bond* se ha rodado en
escenarios naturales, llevando al agente secreto 007, a un afortunado
equipo de producción y a un público cautivado hasta algunos de los
lugares más increíbles del mundo.

AÑO
1962–

LOCALIZACIÓN
TODO EL MUNDO

James Bond es un personaje que ha resistido el paso del tiempo. Desde la década de 1960, este agente secreto británico ha vivido al límite, enfrentándose a villanos, conquistando mujeres y regalándonos frases inolvidables. Seis actores han interpretado al héroe a lo largo de 25 películas (oficiales), y aún quedan más por llegar. Aunque el éxito del personaje, y de la franquicia, pueda atribuirse a determinados elementos (coches rápidos, dispositivos inteligentes, personajes malvados) y a su banda sonora, habría que mencionar también las aventuras por todo el mundo del agente secreto. ¿Cómo olvidar a Bond y Vesper Lynd navegando por la bella ciudad de Venecia? ¿O a Bond y M. conduciendo por las Tierras Altas de Escocia? ¿O a Honey Ryder emergiendo de las aguas en Jamaica?

Cuando Ian Fleming escribió sus populares novelas de 007, tal vez no tuviera en mente un relato de viajes, pero al llevar a su personaje de un destino a otro, demostró su habilidad para crear una identidad de lugar. En su primer libro, *Casino Royale* (1953), Bond viajó a los lujosos casinos de Francia; en el segundo, *Vive y deja morir* (1954), pasó por Nueva York y Jamaica; y así a lo largo de otros 14. Cuando los productores Harry Saltzman y Albert «Cubby» Broccoli decidieron llevar las novelas al cine (empezando por el *Dr. No* en 1962), se aseguraron de que las localizaciones estuvieran a la altura de la versión escrita.

Gran parte del *Dr. No* de Fleming se desarrolla en Jamaica, que ha sido casi un segundo hogar para Bond (y para Fleming, que escribió todas las novelas del agente en su residencia en la isla, GoldenEye, donde es posible alojarse). La producción se mantuvo fiel al texto y se rodó en escenario naturales. La icónica escena con Ursula Andress se filmó en Laughing Waters Beach, en Ocho Ríos, y también se grabó en Kingston, la capital, y sus alrededores. La franquicia regresó al país en dos ocasiones: para el debut de Roger Moore en *Vive y deja morir* (1973) y para la despedida de Daniel Craig en *Sin tiempo para morir* (2021); los fans de Bond seguramente tengan Ja-

CREADOR DE BOND

La mente que ideó a Bond conocía el mundo de los agentes secretos. Antes de convertirse en escritor, Ian Fleming trabajó para la División de Inteligencia Naval británica, y supervisó dos unidades de inteligencia en la Segunda Guerra Mundial. Aprovechó esta experiencia para los relatos del agente.

maica entre los primeros puestos de su lista de destinos.

Por mucho que a Fleming y a Bond les gustara Jamaica, un presupuesto para viajes (y rodajes) aparentemente ilimitado ha llevado al agente a perseguir a los villanos por todo el planeta. Algunas de

Las aguas color turquesa de Ocho Ríos, de las que emerge Honey Ryder

sus aventuras más inolvidables le han llevado a Asia, a lugares como Shanghái, Tokio y las islas de Tailandia. En *El hombre de la pistola de oro* (1974) aparece Khao Phing Kan, una formación natural de la bahía tailandesa de Phang Nga. Este impresionante lugar se conoce ahora como la isla de James Bond, aunque en realidad sirva de refugio al retorcido Scaramanga (interpretado por Christopher Lee).

Casi siempre son los malhechores de la película los que tienen casas —¿o quizá sea mejor decir guaridas?— en lugares extraordinarios. En *Solo se vive dos veces* (1967), la organización criminal SPECTRE y Blofeld instalan su base en el cráter del volcán japonés Shinmoedake, en la isla de Kyushu. Por supuesto, el equipo de producción no pudo horadar el enorme volcán, de modo que construyó el escondite de Blofeld en los Pinewood

Studios, un estudio en Reino Unido visitado con frecuencia por la franquicia de *Bond*. El decorado del diseñador de producción Ken Adam medía 60 m de ancho por 16 m de alto y costó un millón de dólares.

Bond vuelve a perseguir a Blofeld en *Al servicio secreto de Su Majestad* (1969). En esta ocasión la acción se desarrolla en los Alpes suizos, donde el malhechor se asegura otro panorámico refugio en lo alto de una montaña. El rodaje se realizó, de nuevo, en escenarios reales;

Mapa

CANADÁ

ESTADOS UNIDOS

Golden Gate Bridge ① ② Las Vegas ④ Fort Knox

Nueva Orleans ⑤ Seven Mile Bridge

MÉXICO ⑥ ⑦ Bahamas

Ciudad de México ③ ⑧ Jamaica

Océano Pacífico

Océano Atlántico

COSTA RICA

VENEZUELA

COLOMBIA

ECUADOR

PERÚ

BRASIL

BOLIVIA

PARAGUAY ⑨ Cerro Pan de Azúcar

CHILE

URUGUAY

ARGENTINA

① **Golden Gate Bridge**
Bond, interpretado por Roger Moore, y el exagente de la KGB Max Zorin pelean en este puente en *Panorama para matar* (1985).

②

Las Vegas
Diamantes para la eternidad (1971) se rodó en Las Vegas, que ha cambiado mucho desde la década de 1970.

③ **Ciudad de México**
Bond avanza entre quienes festejan el Día de Muertos en el Zócalo (la plaza mayor de Ciudad de México) en las escenas iniciales de *Spectre* (2015).

A las afueras de la ciudad está el Centro Ceremonial Otomí. Aquí, en un

La pintoresca Khao Phing Kan, o «isla de James Bond», en Tailandia

Ver mapa de Europa, p. 191

FINLANDIA
RUSIA
UCRANIA
KAZAJISTÁN
11 Estambul
TURQUÍA
CHINA
JAPÓN
AFGANISTÁN
18 Castillo Himeji
MARRUECOS
10 Gara Medouar
Isla **17**
Hashima **16** Volcán
ARGELIA LIBIA IRAK IRÁN Shinmoedake
PAKISTÁN
EGIPTO
MAURITANIA ARABIA **12** Udaipur
MALI NÍGER SAUDÍ **15** Hong Kong
CHAD SUDÁN OMÁN
NIGERIA YEMEN INDIA Océano
ETIOPÍA Pacífico
REPÚBLICA KENIA SRI Bangkok **13**
DEMOCRÁTICA LANKA
DEL CONGO TANZANIA **14** Khao Phing Kan

Océano
Índico

ANGOLA INDONESIA

Océano NAMIBIA MADAGASCAR
Atlántico AUSTRALIA
SUDÁFRICA

13

Bangkok
Aunque ambientada en Ho Chi Minh, la peligrosa escena en moto de *El mañana nunca muere* (1997) se rodó en Bangkok.

14

Khao Phing Kan
Esta formación kárstica es conocida en todo el mundo como la «isla de James Bond» por su papel como guarida de Scaramanga en *El hombre de la pistola de oro*.

Hong Kong
15 Bond visita el hotel The Peninsula en Hong Kong en *El hombre de la pistola de oro*.

Volcán Shinmoedake
16 Este volcán activo en el Parque Nacional Kirishima sirvió de base secreta a Blofeld en *Solo se vive dos veces*. El interior se rodó en un set en Inglaterra.

Isla Hashima
17 La isla japonesa de Hashima aparece en *Skyfall* como residencia del antagonista Silva. Las escenas en las calles se rodaron en estudio.

Castillo Himeji
18 El campamento *ninja* de *Solo se vive dos veces* estaba en el castillo Himeji, en Hyōgo. Se empezó a construir en 1333 y es el castillo más grande de Japón.

---

complejo religioso falso, se esconde el narcotraficante Sánchez al término de *Licencia para matar* (1989).

Fort Knox
4 El equipo de producción logró rodar escenas aéreas del exterior de Fort Knox y la vecina Godman Air Force Base para *Goldfinger*.

Nueva Orleans
5 Al comienzo de *Vive y deja morir,* un compañero de Bond muere cuando se topa con un funeral en la intersección de las calles Chartres y Dumaine de Nueva Orleans.

Seven Mile Bridge
6 Sánchez escapa a través de este puente en *Licencia para matar*.

7

Bahamas
Gran parte de *Operación Trueno* (1965) se rodó en Nassau, en las Bahamas,

---

donde un caza Vulcan realiza un aterrizaje forzoso. Su maqueta sigue en Clifton Wall.

8

Jamaica
Una de las escenas de playa más famosas en la historia del cine —Honey Ryder emergiendo el mar— se rodó en Laughing Waters Beach, en Ocho Ríos.

Las Green Grotto Caves de la isla aparecen como la guarida subterránea del doctor Kananga (o Mr. Big) en *Vive y deja morir*.

9

Cerro Pan de Azúcar
En *Moonraker* (1979) tiene lugar una intensa pelea en uno de los teleféricos que descienden de este cerro de Río de Janeiro.

Gara Medouar
10 Sobre las arenas del Sáhara, en Marruecos, se eleva Gara Medoua, una formación rocosa circular que se convirtió en el cráter de un meteorito y la sede de SPECTRE en *Spectre*.

11

Estambul
Skyfall comienza con una persecución de coches que recorre las calles de Estambul y desemboca en el Gran Bazar. Bond ya había estado aquí en *Desde Rusia con amor* (1963).

Udaipur
12 El Taj Lake Palace de Udaipur fue el cuartel general flotante de Kamal Khan en *Octopussy* (1983) —ahora es un hotel—. A las afueras de la ciudad, el histórico Sajjangarh Monsoon Palace le sirvió de guarida.

¿LO SABÍAS?

OCEANÍA

James Bond nunca ha visitado ni Australia ni Nueva Zelanda.

SALTO CON TIRABUZÓN

El salto en coche de *El hombre de la pistola de oro* fue la primera escena peligrosa del cine calculada por ordenador.

MI NOMBRE ES BOND

007 tomó nombre del ornitólogo James Bond; Ian Fleming lo encontró en un libro sobre observación de aves.

DANIEL CRAIG

Craig sufrió más lesiones graves en el set que todos los demás actores de Bond juntos.

Atlanterhavsveien, un bello entorno noruego para una persecución en *Sin tiempo para morir*

el restaurante que hizo de guarida (parte de cuya construcción fue financiada por los productores) conserva el nombre de Piz Gloria (el de la película) y sigue abierto.

Además de los escondites de los malhechores, hay otro elemento de la franquicia que permite mostrar lugares espectaculares: las persecuciones en coche. A lo largo de los años, Bond ha conducido a toda velocidad por pistas de esquí, carreteras panorámicas e increíbles ciudades, siempre persiguiendo a alguien que no tramaba nada bueno. En *Goldfinger* (1964) Sean Connery serpentea por el puerto suizo de Furka en su coche favorito, un Aston Martin DB5. Ese mismo coche es el que conduce Pierce Brosnan en *GoldenEye* (1995) durante una persecución por la Route de Gentelly en Francia. El Bond de Daniel Craig también tiene en su haber magníficas escenas al volante. En *Sin tiempo para morir*

acelera por la Atlanterhavsveien (carretera del Atlántico), una increíble ruta que conecta varias islas noruegas. Y cuando no viaja en coche, es posible verlo en moto. En la secuencia inicial de *Skyfall* (2012) el agente secreto recorre a toda velocidad los bazares y tejados de Estambul, ofreciendo a los espectadores una visita por la ciudad. En *Sin tiempo para morir* se sube de nuevo a una moto en Matera, una bonita y antigua ciudad italiana. Para un viaje por carretera diferente, se puede buscar inspiración en las películas de Bond.

A pesar de los kilómetros de viaje acumulados, Bond es un agente británico y Londres ha sido siempre su hogar. ¿O es Escocia? El famoso Servicio Secreto Británico MI6, para el que trabaja, opera desde Londres —y muchas escenas están filmadas en la capital, como el descenso en lancha motora por el río Támesis—, pero Bond es escocés. El público pudo atisbar el pasado del agente en la exitosa *Skyfall,* con

Atlanterhavsveien ①
En *Sin tiempo para morir*, Bond conduce por la impresionante carretera del Atlántico, en Noruega.

Glen Etive Rd ②

Piz Gloria ③

Puerto de Furka ④ ⑥ **Ice Q**

Suiza

Piz Gloria ③ ④ ⑦ **Cortina d'Ampezzo**

⑤ ⑧ **Venecia**

Presa de Verzasca

Playa Capriccioli ⑩ ⑨ **Matera**

Daniel Craig. Con una increíble secuencia por la carretera de Glen Etive, cerca de Glencoe, la película conduce al espectador hasta la casa familiar de Bond en las Tierras Altas. Sin embargo, los fans que peregrinen hasta aquí tendrán que conformarse con ver el paisaje, ya que la casa se construyó en un estudio inglés.

Aun así, cualquiera con ganas de seguir los pasos de Bond tendrá localizaciones épicas más que suficientes para viajar toda una vida (y llenar un pasaporte). De México a Marruecos y de Jamaica a Japón, Bond podría ser el mayor viajero de la gran pantalla. La producción en escenarios naturales ha unido las películas a la belleza del mundo real, asegurando que el agente, en ocasiones anacrónico, resulte actual. Los fans tal vez se estén preguntando quién será el próximo Bond, pero la pregunta realmente importante para los amantes de los viajes es cuál será su próximo destino.

① **Atlanterhavsveien**
En *Sin tiempo para morir*, Bond conduce por la impresionante carretera del Atlántico, en Noruega.

② **Glen Etive Rd**
Esta carretera próxima a Glencoe, en Escocia, lleva hasta la casa familiar de Bond en *Skyfall*.

③ **Piz Gloria**
Este restaurante giratorio en los Alpes suizos fue el escondite de Blofeld en *Al servicio secreto de Su Majestad*.

④ **Puerto de Furka**
In *Goldfinger*, Bond tiene que poner a prueba el agarre de su Aston Martin DB6 en esta carretera suiza.

⑤ **Presa de Verzasca**
GoldenEye empieza con Bond, interpretado por Pierce Brosnan, saltando desde esta presa suiza. Ahora es un destino popular para hacer *puenting*.

⑥ **Ice Q**
Los fans pueden comer en este moderno restaurante de Sölden (Austria), que aparece en una de las escenas de acción de *Spectre*.

⑦ **Cortina d'Ampezzo**
Esta estación de esquí en los Dolomitas fue una localización clave en *Solo para sus ojos* (1981); todas las escenas de esquí y bobsleigh se rodaron aquí.

⑧

Venecia
La ciudad aparece en varias ocasiones en las películas de Bond, como en la famosa persecución en góndola de *Moonraker*.

⑨ **Matera**
Muchas escenas de *Sin tiempo para morir* se rodaron en esta ciudad italiana, que sale también en *Wonder Woman* (p. 42).

⑩ **Playa Capriccioli**
En *La espía que me amó* (1977), el coche de Bond emerge del mar en esta playa.

BLADE RUNNER

El futuro distópico (situado en el año 2019) de esta obra maestra de Ridley Scott cobró vida a través de una combinación de maquetas, decorados de estudio y edificios reales de Los Ángeles.

AÑO
1982

LOCALIZACIÓN
CALIFORNIA,
ESTADOS UNIDOS

*B*lade Runner requería de una ciudad de Los Ángeles de aspecto sombrío. En esta combinación de *thriller* y cine negro, Ridley Scott ofrece una versión descarnada de la ciudad en un (entonces) futuro con colonias en el espacio exterior y robots. Es un mundo al mismo tiempo familiar y extraño, en el que pasan coches voladores por encima de los edificios y curtidos expolicías (como Rick Deckard, interpretado por Harrison Ford) rastrean a replicantes (androides) fugados.

Transformar la ciudad soleada en una oscura pesadilla ciberpunk requirió seis meses de rodaje nocturno. En este agotador plan de trabajo, el equipo de producción debía transformar espacios como el Bradbury Building en localizaciones futuristas en solo unas horas, y una vez terminada la filmación de la jornada limpiar todo para cuando los oficinistas llegaran a las 9.00. También se transformaron con humo y focos localizaciones como el túnel de 2nd Street.

Pero no todos los escenarios de *Blade Runner* fueron reales. Las lluviosas calles de la ciudad se rodaron en el plató exterior de Warner Bros. Studios, y se emplearon maquetas para algunas de las localizaciones más distópicas del filme. El paisaje urbano y la imponente pirámide de Tyrell Corporation de la escena inicial fueron creados específicamente para la película —usando kilómetros de cable de fibra óptica para iluminar las miniaturas desde abajo y dar la impresión de que fuera una ciudad de verdad emergiendo de las sombras—.

Durante la filmación, Ford tuvo algunas desavenencias con Scott, que solía aislarse en la cabina de proyección y

El Bradbury Building de Los Ángeles, zona de oficinas por el día y set de cine por la noche

① Warner Bros. Studios

Casi todas las escenas en calles se rodaron en la New York Street de este estudio. Con una máquina de lluvia e infinidad de luces de neón se transformó en la imagen de Los Ángeles que quería Scott.

② Ennis House

La cochera de la Ennis House, proyectada por Frank Lloyd Wright, se ve cuando Rick Deckard regresa a casa. El interior del apartamento era un decorado, para el que se copiaron las baldosas de la mansión.

③ Bradbury Building

La persecución crucial de la película tiene lugar aquí. El atrio de este edificio es una localización habitual en las películas de ciencia ficción por su mezcla de hierro y ladrillo.

④ 2nd Street Tunnel

En la película suelen aparecer coches futuristas (llamados *spinners*) atravesando este túnel.

⑤ Union Station

La antigua zona de taquillas de la estación Union se convirtió en la oscura comisaría de policía de Deckard.

jamás desveló si el protagonista era un humano o un androide. La fricción entre ambos duró años tras el estreno de la película. Sin embargo, la visión del director de una ciudad en decadencia e inundada de tecnología se volvió enormemente influyente. *Blade Runner* podría considerarse el origen del género ciberpunk, cuyas turbias ciudades —desde Gotham en la trilogía *El caballero oscuro (p. 36)* hasta el videojuego *Cyberpunk 2077*— están inspiradas en la imagen de Los Ángeles de Scott.

UN SET IDÓNEO

El Bradbury Building, en el centro de Los Ángeles, es famoso por sus barandillas de hierro, su atrio con claraboyas y sus ascensores exteriores. Además de en *Blade Runner,* ha aparecido en muchas otras películas, como la comedia romántica *(500) días juntos* (2009) y la película *The Artist* (2011).

La deslumbrante Los Ángeles, trasformada en una ciudad distópica en *Blade Runner,* del director Ridley Scott.

JUNGLA DE CRISTAL

Este clásico del cine de acción dio protagonismo a Bruce Willis y a un edificio de oficinas en el centro de Los Ángeles hasta entonces desconocido.

AÑO
1988

LOCALIZACIÓN
CALIFORNIA, ESTADOS UNIDOS

¿LO SABÍAS?

RONALD REAGAN

Cuando el expresidente Ronald Reagan alquiló un despacho en el edificio de *Jungla de cristal,* seguía al parecer cubierto de casquillos y cristales.

BRUCE WILLIS

Los primeros carteles de la película no incluían la imagen del actor, ya que el estudio dudaba de su potencial en taquilla.

Cuando los jefes de 20th Century Fox decidieron buscar una localización para rodar *Jungla de cristal,* no se alejaron mucho de su entorno. Tras considerar brevemente un edificio de oficinas en Houston (Texas), optaron por su nueva sede central, el Fox Plaza, un rascacielos de reciente construcción en Century City, Los Ángeles (que había formado parte del plató exterior del estudio).

Gran parte de la acción de la película se desarrolla en el ficticio Nakatomi Plaza, por lo que era imprescindible que el interior del Fox Plaza proporcionara un telón de fondo adecuado para el enfrentamiento entre el detective John McClane y Hans Gruber y su banda. Para ello, Jackson De Govia, diseñador de producción del filme, aprovechó los conductos de aire y los huecos del ascensor del Plaza. De Govia diría más adelante: «la idea era tratar al edificio como uno de los protagonistas». El rodaje se desarrolló en su mayoría dentro del rascacielos y por la noche, una vez que los abogados y ejecutivos estaban en sus casas, lo que permitió al director John McTiernan detonar explosivos, montar caóticos tiroteos y subir a Bruce Willis sobre los ascensores para su papel de McClane.

En la actualidad, el rascacielos atrae tanto a admiradores de la *arquitectura del poder* de la década de 1980 como a fans de la película. No obstante, es un edificio de oficinas, por lo que gritar la legendaria (aunque explícita) frase de Willis: «Yipi-kai-yei...» provocaría más de una mala cara.

El Fox Plaza, por suerte sin la presencia de Gruber y su banda

❶ Plummer St

En *Terminator 2*, el T-1000 persigue en camión a John Connor y se lanza al río Los Ángeles desde un puente en Plummet St.

❷ Griffith Observatory

Terminator aparece en 1984 junto al Griffith Observatory, una localización muy usada en el cine. Su misión: matar a Sarah Connor.

❸ Carrows Restaurant

Sarah Connor trabaja en la cafetería Big Jeff's, rodada en el restaurante Carrows de Pasadena. Aún se puede tomar un *brunch* en él.

❹ Elysian Park

En un momento de calma en *Terminator 2*, Sarah imagina que presencia el Juicio Final desde el parque Elysian.

❺ Santa Monica Place Mall

En *Terminator 2*, John se topa con dos Terminator en el centro comercial Galleria —la escena se rodó en el Santa Monica Place Mall—.

TERMINATOR

Esta saga de James Cameron, un clásico de la ciencia ficción, presenta a un cíborg que persigue de manera incansable a Sarah Connor por las calles de Los Ángeles.

AÑO
1984, 1991

LOCALIZACIÓN
CALIFORNIA, ESTADOS UNIDOS

El director James Cameron vio en sueños la imagen de un esqueleto metálico surgiendo entre llamas, de la que nació *Terminator* (1984). ¿Pero cómo podría permitirse un cineasta en ciernes rodar una película apocalíptica sobre cíborgs? Fácil. Cameron escribió un guion de ciencia ficción ambientado en la actual ciudad de Los Ángeles.

Usando la técnica del cine de guerrilla que había aprendido de su antiguo jefe Roger Corman, Cameron filmó principalmente por la noche para aportar a la película un ambiente oscuro. Sin embargo, la estética no fue lo único que el director tuvo en cuenta. El limitado presupuesto le obligó a elegir calles con bombillas de vapor de mercurio, ya que no tenía dinero para iluminación.

El equipo redujo gastos filmando varias escenas sin permiso —una de ellas, en la que el Terminator roba un coche, se rodó a plena luz del día y solo con Cameron y Arnold Schwarzenegger—. La escena final de Sarah Connor la llevó a cabo un pequeño grupo en una carretera perdida de California, y tuvieron que engañar a la policía de tráfico diciéndoles que era una película estudiantil.

Cameron regresó a las calles de Los Ángeles para rodar *Terminator 2: El juicio final* en 1990. Como su predecesora, la secuela se ambientó en el (entonces) presente, con la autopista y un centro comercial como escenarios de las desmesuradas escenas de acción. Por suerte, la mayoría de estos lugares permanecen intactos, por lo que resultan destinos magníficos para los fans.

EL RÍO LOS ÁNGELES

Es probable que el río Los Ángeles resulte familiar. Esta larga y angulosa extensión de cemento ha aparecido en infinidad de películas a lo largo de las décadas gracias a su aspecto urbano.

Lo más seguro es que esta lengua de cemento abrasada por el sol no sea lo primero que viene a la mente al pensar en un río. En 1938 un equipo de ingenieros militares decidió encementar el cauce del río Los Ángeles, con una longitud de 77 km entre el noroeste y el sur de la ciudad, para evitar inundaciones. Con ello perdió su esplendor natural, pero ganó en impacto visual: pocos lugares del mundo presentan esta apariencia inhóspita, urbana e industrial.

Es el lugar idóneo, por tanto, para el ataque de un zombi en *Fear the walking dead* (2015-2023) o para una emboscada en *A quemarropa* (1967). Pero donde el río brilla realmente es en las escenas cargadas de tensión: como el aterrizaje de emergencia de un transbordador espacial en la película *El núcleo* (2003) o la incansable persecución del cambiante T-1000 a John Connor por sus claustrofóbicos canales de cemento en *Terminator 2: El juicio final (p. 195)*. Si se busca un lugar para rodar una persecución, este es el mejor escenario.

SIN NOVEDAD EN EL FRENTE (1930) ▶

En 1930 el lecho del río estaba aún en su estado natural, por lo que resultó perfecto como tierra de nadie en esta película sobre la Primera Guerra Mundial.

GREASE (1978)

Hacia el final de la película, hay una carrera de coches entre Danny y Leo. Recorren el cauce encementado entre los puentes de las calles primera y séptima, animados por sus amigos.

TERMINATOR 2 (1991) ▶
El Terminator original, Arnold
Schwarzenegger, avanza a toda
velocidad por el río en una moto
para intentar rescatar a John
Connor del temible T-1000, que le
persigue en un camión.

DRIVE (2011)
Comparada con el resto de
emocionantes persecuciones en coche
de este *thriller* cargado de acción,
la escena en la que el conductor,
interpretado por Ryan Gosling, avanza
por el río resulta incluso tranquila.

Vehículos —sin persecuciones— bajo la línea de metro BMT West End Line

FRENCH CONNECTION

Este crudo *thriller* policiaco de William Friedkin es célebre por su vertiginosa persecución en coche, filmada bajo un tramo elevado del metro de Nueva York. Al parecer, el rodaje de la escena fue también intenso.

AÑO
1971

LOCALIZACIÓN
NUEVA YORK, ESTADOS UNIDOS

Con esta película de 1971, el director William Friedkin redefinió el aspecto y el ambiente de los filmes policiacos. *French Connection* tenía intensidad, ambigüedad moral y una compleja persecución en coche, en la que el detective Popeye Doyle, interpretado por Gene Hackman, conducía tras un asesino que escapaba en un tren del metro.

Sorprende que la persecución fuera un añadido de última hora, ideado cuando Friedkin y uno de los productores paseaban por la ciudad de Nueva York una semana antes de que empezara el rodaje. «Observamos todo lo que sucedía en la ciudad —el humo saliendo de las calles, el murmullo del metro bajo nuestros pies— y surgió», explicó más tarde a *Entertainment Weekly*.

La escena en sí (rodada en Bensonhurst, una zona residencial de Brooklyn) resultó complicada de llevar a cabo —y bastante peligrosa—. Friedkin y su equipo no llegaron a solicitar los permisos necesarios para la filmación, confiando en agentes de policía fuera de servicio para señalizar la zona y ayudar a coreografiar el tráfico. En cierto momento, el director le dijo a Bill Hickman, conductor

60th St y 14th Ave

El tren se detiene en la estación de 62nd St; Popeye está esperando al final de las escaleras para capturar al sicario Pierre Nicoli.

BROOKLYN

KENSINGTON

60th St y 14th Ave ⑥

BAY RIDGE

New Utrecht Ave ⑤

NUEVA YORK

86th St y New Utrecht Ave ④

③ 86th St

② 25th Ave Station

① Bay 50th St Station

CONEY ISLAND

⑤

New Utrecht Ave

Popeye continúa a toda velocidad por New Utrecht Ave; mientras tanto, el asesino Nicoli se está quedando sin opciones en el tren.

86th St y New Utrecht Ave

Popeye da un volantazo para esquivar a una mujer con un carrito entre 86th St y New Utrecht Ave.

86th St

Popeye avanza por esta calle, esquivando coches y vigilando el tren mientras conduce.

25th Ave Station

Popeye alcanza esta estación antes de que llegue el tren, corre hacia el andén y ve cómo el convoy pasa muy rápido, sin detenerse, por lo que regresa al coche.

Bay 50th St Station

Al comienzo de la persecución, Popeye trata sin éxito de requisar un coche, hasta que detiene un Pontiac bajo Bay 50th St. Se monta y cambia de sentido para dirigirse al norte por Stillwell Ave.

Esquivando a madre e hijo, el coche de Popeye choca con un montón de basura

de acrobacias, que no había quedado muy satisfecho con las tomas del día anterior. Deseoso de impresionar a Friedkin, Hickman condujo a toda velocidad por las calles de Brooklyn, con el director rodando desde el asiento trasero. Se dice que en su recorrido de

26 manzanas hubo momentos en que el coche alcanzó los 145 km/h, provocando por el camino algunos choques fuera de guion (el instante en el que Popeye está a punto de atropellar a una mujer con un carrito de bebé sí que estaba ensayado).

Cuatro años después, Gene Hackman regresó al mundo de Popeye Doyle para *French Connection 2* (1975). La secuela, que lleva a su protagonista a Marsella (Francia), tuvo mucho éxito, pero sin la inolvidable persecución en coche. Para los fans, la original resulta difícil de superar.

¿LO SABÍAS?

EL CHOQUE

A media persecución, Popeye choca con un coche blanco; este accidente fue real y la mayoría de los conductores ignoraban que había un rodaje en marcha.

40 000 $

La producción pagó a un policía 40 000 $ para rodar dentro de los trenes de Nueva York. Consciente de que lo despedirían, pidió también un billete de ida a Jamaica.

FIEBRE DEL SÁBADO NOCHE

La película de baile de John Travolta se filmó en los alrededores de las calles 86th y New Utrecht seis años después de *French Connection*.

LA MOMIA

Localizaciones tan diversas como la bulliciosa Marrakech, el espectacular desierto del Sáhara y un astillero de Kent sirven de telón de fondo a esta trepidante aventura.

AÑO
1999

LOCALIZACIÓN
INGLATERRA,
MARRUECOS

Al contrario que las películas de Universal de la década de 1930 en las que se inspiró *La momia,* realizadas todas en California, este filme de aventuras ambientado en la década de 1920 se rodó fuera del continente americano. El director Stephen Sommers quería rodar en Egipto, pero la inestabilidad política lo impidió y la filmación se trasladó a Marruecos. Aquí, Marrakech se convirtió en El Cairo (el equipo pasó dos semanas retirando líneas telefónicas y antenas de televisión para que el aspecto de la ciudad fuera el adecuado). Al este de Marrakech, Gara Medouar —una vasta formación rocosa que parece el cráter de un meteorito— albergó la ciudad perdida de Hamunaptra. Se tardó unas 16 semanas en construir el set, que luego se destruyó como parte del clímax de la película.

Tras seis semanas de rodaje en Marruecos —en las que varios miembros del equipo tuvieron que ser trasladados en avión al hospital por picaduras de arañas y escorpiones (por suerte, ningún escarabajo carnívoro)—, Sommers se dirigió a Reino Unido. En Inglaterra filmó los interiores del Museo de Antigüedades en Mentmore Towers, en Buckinghamshire, y construyó un decorado que reproducía el puerto de Giza en el astillero de Chatham, en Kent. Al final, las localizaciones funcionaron y la película fue un éxito (a lo que también contribuyó el innegable encanto de Brendan Fraser).

Las ondulantes colinas del Val d'Orcia, escenario de la casa de Máximo

GLADIATOR

Esta epopeya clásica, ambientada en el Imperio romano, atravesó continentes en busca de escenarios acordes a su impresionante historia.

AÑO
2000

LOCALIZACIÓN
**INGLATERRA, ITALIA,
MALTA, MARRUECOS**

E l relato de Ridley Scott sobre Máximo Décimo Meridio tenía todos los elementos de una epopeya cinematográfica: una historia apasionante ambientada en Roma, un equipo visionario de actores, escritores y productores y localizaciones grandiosas.

Gladiator comienza con una gran batalla rodada en el bosque de Bourne *(p. 44)*, en Surrey (Inglaterra). El aspecto tan realista de los árboles que aparecen en llamas se debe a que estaban realmente ardiendo. La Forestry Commission tenía planificado cortar algunos ejemplares cuando se realizó el rodaje, pero Scott consiguió que le dejaran incendiarlos para la escena.

Tras esta secuencia, la acción recorre una serie de bellos paisajes: la casa de la esposa y el hijo de Máximo, arrasada por los hombres de Cómodo, se rodó en las colinas italianas del Val d'Orcia, y las escenas en las que Máximo es obligado a luchar como gladiador se filmaron en torno a la histórica localidad de Aït Benhaddou, en Marruecos. Máximo llega después a la Antigua Roma, o más bien Malta. Aquí, el equipo construyó una réplica de 16 m del Coliseo para filmar las luchas de gladiadores.

La magnífica ambientación es lo que convierte *Gladiator* en una película digna de la edad dorada del cine, con legiones de leales fans.

KILL BILL

En su *thriller* de venganza en dos partes, Quentin Tarantino envió a su protagonista con catana de Texas a Tokio, aunque la filmación nunca se alejó mucho de Los Ángeles, una ciudad muy querida por Tarantino.

AÑO
2003, 2004

LOCALIZACIÓN
CALIFORNIA,
ESTADOS UNIDOS;
JAPÓN

Tarantino nació en Knoxville (Tennessee) en 1963, pero su leyenda comenzó en un cineclub de Los Ángeles, ciudad a la que su familia se mudó cuando él tenía 3 años. El legado cultural y cinematográfico de esta localidad impregna toda su obra, desde *Reservoir Dogs* (1992) hasta *Érase una vez en... Hollywood* (2019). Y si la historia le lleva fuera de Los Ángeles, hay que fijarse porque también se verá la ciudad californiana.

Ideada por Tarantino y Uma Thurman mientras filmaban *Pulp Fiction* (1994), *Kill Bill* sigue a la Novia, interpretada por Thurman, mientras se venga de una banda de asesinos. A lo largo de dos películas, la protagonista recorre miles de kilómetros por Estados Unidos e incluso vuela a Japón. Tarantino también viajó a este país para rodar escenas en la calle Yasukuni-dori de Tokio, cubierta de luces de neón, y en el colorido puente Arcoíris, pero realizó gran parte de la película en

El túnel de 2nd Street recrea una escena en una calle de Tokio

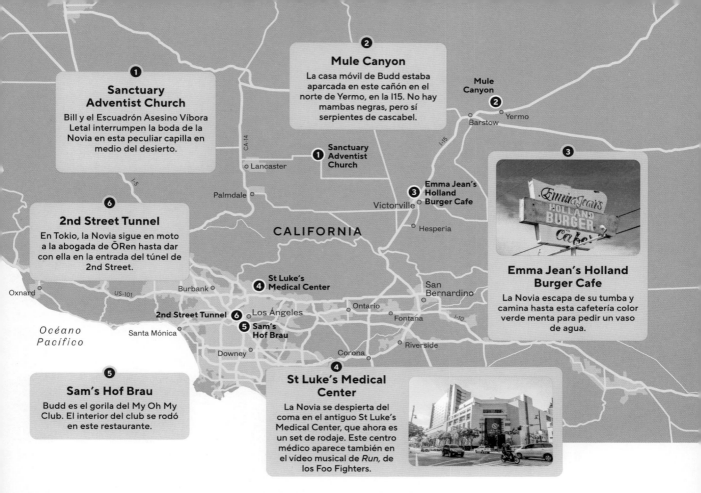

Sanctuary Adventist Church

Bill y el Escuadrón Asesino Víbora Letal interrumpen la boda de la Novia en esta peculiar capilla en medio del desierto.

Mule Canyon

La casa móvil de Budd estaba aparcada en este cañón en el norte de Yermo, en la I15. No hay mambas negras, pero sí serpientes de cascabel.

2nd Street Tunnel

En Tokio, la Novia sigue en moto a la abogada de ÕRen hasta dar con ella en la entrada del túnel de 2nd Street.

Emma Jean's Holland Burger Cafe

La Novia escapa de su tumba y camina hasta esta cafetería color verde menta para pedir un vaso de agua.

Sam's Hof Brau

Budd es el gorila del My Oh My Club. El interior del club se rodó en este restaurante.

St Luke's Medical Center

La Novia se despierta del coma en el antiguo St Luke's Medical Center, que ahora es un set de rodaje. Este centro médico aparece también en el vídeo musical de *Run*, de los Foo Fighters.

CALIFORNIA

Océano Pacífico

---

el lugar que mejor conoce. Filmó en cafeterías locales, centros médicos abandonados y paisajes desérticos de Los Ángeles, y también en el túnel de 2nd Street —como *Blade Runner* (p. 192)—, que se convirtió en una calle tokiota.

La localización más reconocible de la película es Two Pines Church, la remota capilla de Texas donde atacan a la Novia y la dan por muerta. La escena se filmó en realidad a dos horas en coche de Los Ángeles, en medio del desierto de Mojave. Levantada como un centro comunitario llamado Hi Vista Community Hall, la construcción (ahora la Sanctuary Adventist Church) se convirtió en una capilla en el *thriller Confesiones verdaderas* (1981), apareció en la película de acción *Inferno* (1999), e incluso tuvo un papel en el vídeo

musical de *Road to Nowhere* de Talking Heads.

Puede que la Novia haya viajado por muchos lugares para dar con quienes osaron hacerle daño, pero a Tarantino le cuesta librarse de Los Ángeles.

La Sanctuary Adventist Church (conocida como la iglesia de Kill Bill), en California

TIGRE Y DRAGÓN

Para realizar la fantástica *Tigre y dragón,* el director Ang Lee viajó a algunas de las localizaciones naturales más impresionantes de China y visitó uno de los mayores estudios cinematográficos del mundo.

AÑO
2000

LOCALIZACIÓN
CHINA

Tigre y dragón, el clásico del género wuxia del director Ang Lee, incluye peleas perfectamente coreografiadas, interpretaciones increíbles y una fotografía épica. Pero adaptar la *Pentalogía de Hierro* de Wang Dulu no fue tan maravilloso como el resultado logrado por Lee y su equipo. Rodada en China y con un presupuesto de apenas 15 millones de dólares (en *Gladiator,* estrenada también en 2000, se invirtieron 103 millones), no fue la típica película en la que los contratiempos se pueden solucionar con dinero. Más adelante, el director comentó que rodar en China fue «casi imposible», y que por momentos pensó que finalizar su obra maestra también lo sería.

Pero ¿qué sucedió? En primer lugar, Michelle Yeoh se lesionó una rodilla y necesitó más de un mes de rehabilitación en Estados Unidos. Parte del equipo estuvo todo un día perdido en el desierto de Gobi, y nada más encontrar el camino de vuelta se desató una tormenta de arena. Y el rodaje de las luchas aéreas en el bosque de bambú de Mukeng, en la provincia de Anhui, consumió una

increíble cantidad de tiempo, con los actores colgados de cables.

Sin embargo, a pesar de los retrasos, la recompensa fue enorme. Con sus dunas, llanuras y afloramientos rocosos, el yermo desierto de Gobi resultó el refugio idóneo para el bandido Lo. Y el mar de altísimos bambúes de Anhui convirtió la pelea entre Li y Jen en una escena inolvidable.

El rodaje fue mucho más sencillo cuando la producción se trasladó a los Hengdian World Studios, en la provincia de Zhejiang, pero sin duda lo que hace memorable esta película son las complicadas tomas en escenarios naturales.

El desierto de Gobi en China, donde Jen Yu se enamora del bandolero Lo

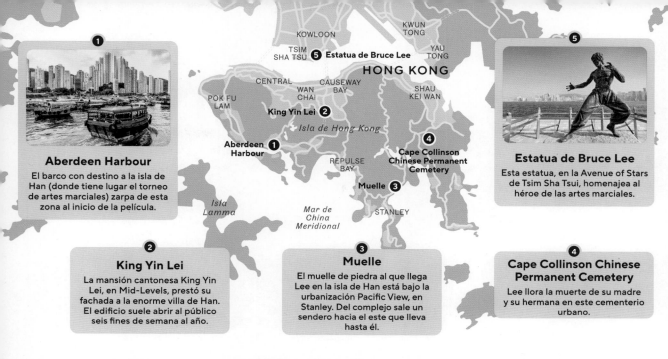

① **Aberdeen Harbour**
El barco con destino a la isla de Han (donde tiene lugar el torneo de artes marciales) zarpa de esta zona al inicio de la película.

⑤ Estatua de Bruce Lee

HONG KONG

② King Yin Lei

① Aberdeen Harbour

Isla de Hong Kong

④ Cape Collinson Chinese Permanent Cemetery

③ Muelle

⑤ **Estatua de Bruce Lee**
Esta estatua, en la Avenue of Stars de Tsim Sha Tsui, homenajea al héroe de las artes marciales.

② **King Yin Lei**
La mansión cantonesa King Yin Lei, en Mid-Levels, prestó su fachada a la enorme villa de Han. El edificio suele abrir al público seis fines de semana al año.

③ **Muelle**
El muelle de piedra al que llega Lee en la isla de Han está bajo la urbanización Pacific View, en Stanley. Del complejo sale un sendero hacia el este que lleva hasta él.

④ **Cape Collinson Chinese Permanent Cemetery**
Lee llora la muerte de su madre y su hermana en este cementerio urbano.

OPERACIÓN DRAGÓN

Esta innovadora película de combates, rodada en localizaciones de Hong Kong, catapultó al estrellato a su héroe, Lee (el maestro de las artes marciales Bruce Lee).

AÑO
1973

LOCALIZACIÓN
HONG KONG

Tras unos años duros en Hollywood, Bruce Lee regresó a la ciudad de Hong Kong de su infancia en busca de los papeles protagonistas que Estados Unidos le había negado. Los tres grandes éxitos que logró en esta ciudad le prepararon para lo que se convertiría en la película de artes marciales más influyente de todos los tiempos: *Operación dragón*.

Este filme, producido por Warner Bros., en el que Lee se infiltra en un torneo de artes marciales celebrado en la isla privada del criminal Han, se rodó en Hong Kong. El presupuesto fue una de las principales razones para ello, ya que la película contaba con apenas 850 000 dólares (generó más de 400 veces esta cifra).

Pero un presupuesto bajo no tenía que significar un bajo impacto. *Operación dragón* enganchó al público con sus peleas, todas cuidadosamente coreografiadas por Lee. Durante el enfrentamiento en la guarida subterránea, el inimitable guerrero despacha rápidamente a un entonces desconocido Jackie Chan (que interpreta a un guardia). La pelea en la sala de espejos, en la que Lee derrota a Han, fue rodada por un cámara oculto en un armario cubierto de espejos, en el que se abrieron pequeños agujeros para que pudiera filmar a través de ellos.

Operación dragón consolidó a Lee como leyenda del kung fu y estrella cinematográfica, aunque no pudo disfrutar de su fama, ya que murió unas semanas antes del estreno de la película. Por suerte, este clásico ha mantenido vivo su legado.

EL CÓDIGO DA VINCI

Los *thrillers* conspirativos de Dan Brown se desarrollan en un sinfín de lugares históricos. Al adaptar la saga, el equipo de filmación no siempre fue bien recibido en las localizaciones del libro.

AÑO
2006

LOCALIZACIÓN
**INGLATERRA,
FRANCIA, ESCOCIA**

Las novelas de Dan Brown son como guías de viaje. Mientras relatan las aventuras del profesor Robert Langdon, conducen al lector de ciudad en ciudad, descubriendo conspiraciones históricas por el camino. Parece el material perfecto para una película, ¿verdad?

Pues no del todo. Muchas de las localizaciones de *El código Da Vinci,* el segundo libro de la serie, son edificios religiosos y la trama contiene teorías que cuestionan preceptos de la Iglesia católica. Por ello, varias iglesias cerraron sus puertas a la producción. Como la de Saint-Sulpice, en París, que tiene un papel destacado en la historia de Langdon (interpretado por Tom Hanks). El libro afirma que la línea de bronce que recorre el piso del templo forma parte del meridiano de París (o Línea Rosa) y conduce hasta un misterioso obelisco. Pero no es así; la banda metálica de Saint-Sulpice es en realidad parte de un reloj de sol del siglo XVIII. La iglesia prohibió que se filmara en su interior y colocó un cartel en el que se desmentía la teoría del libro. La escena se rodó en un decorado.

La Westminster Abbey de Londres también boicoteó la película por cuestiones religiosas, por lo que las catedrales de Winchester y Lincoln (ambas propiedad de la Iglesia anglicana) pasaron a sustituir a la abadía. Algunas comunidades religiosas mostraron su disgusto, a lo que la catedral de Winchester respondió empleando los fondos recibidos de la película para organizar una exposición que desacreditaba el libro de Brown. Una institución que sí permitió rodar en su interior fue el Louvre de París. No obstante,

Westminster Abbey, en la que se ambientaron, pero no se rodaron, escenas de la película

Rosslyn Chapel

El código Da Vinci acaba en esta capilla escocesa. Aunque se filmó en su interior, el exterior es una maqueta (la capilla real estaba en ese momento cubierta de andamios).

Lincoln Cathedral

Esta enorme catedral apareció como Westminster Abbey, después de que la abadía se negara a participar.

Belvoir Castle

Mediante imágenes generadas por ordenador, este castillo se convirtió en Castel Gandolfo, la residencia de verano del papa.

Burghley House

Algunas tomas del interior de Castel Gandolfo y el Château de Villette se rodaron en esta mansión, que también sustituyó al castillo de Windsor en *The Crown* (2016-).

Rosslyn Chapel ❶

IRLANDA

Lincoln Cathedral ❷
Belvoir Castle ❸
REINO UNIDO
❹ Burghley House
Westminster Abbey ❺
Winchester Cathedral ❻

BÉLGICA
ALEMANIA
LUXEMBURGO
Chateau de Villette ❼
❽ París
FRANCIA

Westminster Abbey

Robert Langdon, Sophie Neveu y *sir* Leigh Teabing visitan la tumba de *sir* Isaac Newton en esta monumental abadía; solo se hicieron tomas del exterior.

Winchester Cathedral

El interior de esta catedral, un histórico monumento inglés, sustituyó al de Westminster Abbey.

Château de Villette

Langdon y Sophie visitan este castillo del noroeste de París, que se convierte en el filme en la residencia de *sir* Leigh Teabing.

París

En el filme aparece el exterior de la iglesia de Saint-Sulpice; las tomas del interior se hicieron en un set.

En el Louvre se produce el primer asesinato y se halla la última pista de *El código Da Vinci*. El director obtuvo permiso para rodar en su interior.

la *Mona Lisa* que aparece en pantalla es una réplica y el equipo tuvo que seguir ciertas normas para filmar en las salas —el guion tal vez pidiera algo de sangre en el suelo del museo, pero eso hubo que eliminarlo—.

Las interesantes búsquedas pseudo-históricas de Langdon están ambienta-das en algunos de los monumentos más impresionantes de Europa. Y, aunque Hanks y el equipo de rodaje no pudieron entrar en algunas de estas espléndidas ubicaciones durante el rodaje, hoy en día se pueden visitar tanto Westminster Abbey como la iglesia de Saint-Sulpice.

¿LO SABÍAS?

CAPILLA SIXTINA

Para recrear esta capilla en la secuela, *Ángeles y demonios,* los miembros del equipo se hicieron pasar por turistas y tomaron unas 250 000 fotografías en el Vaticano.

PROTESTAS RELIGIOSAS

La hermana Mary Michael rezó 12 horas junto a la catedral de Lincoln como protesta al rodaje de *El código Da Vinci* en el templo.

LINCOLN CATHEDRAL

Las campanas de la catedral de Lincoln se silenciaron por primera vez desde la Segunda Guerra Mundial para el rodaje.

ARMA FATAL

La comedia de acción de Edgar Wright transformó la pequeña ciudad de Wells, en Somerset, en la idílica Sandford, una localidad de Gloucestershire con una comunidad muy unida y un oscuro secreto.

AÑO
2007

LOCALIZACIÓN
WELLS, INGLATERRA

El director y escritor Edgar Wright creció en la ciudad de Wells y le atraía la idea de rodar una película de acción hollywoodense en la discreta localidad de su infancia. Con *Arma fatal* lo consiguió. En esta exitosa comedia (la segunda de su *Trilogía del Cornetto),* el sargento Nicholas Angel, interpretado por Simon Pegg, vive junto a su compañero de patrulla una aventura que traslada la desenfrenada acción de un filme estadounidense a las tranquilas calles de un pueblo inglés.

El director muestra en cada escena su afecto por Wells, que conoce a la perfección. «La amo, aunque también quiero criticarla», manifestó a la BBC. Los lugares más corrientes tienen su momento de gloria: la pintoresca plaza del mercado, el supermercado local y una fiesta popular sirven de telón de fondo a frenéticas secuencias de acción, poniendo en peligro las posibilidades de Sandford de ganar el premio a Pueblo del Año. La película también incluye extraños cameos, como los de Cate Blanchet, Peter Jackson y el propio Wright, que aparece como reponedor en el supermercado local —el mismo trabajo que tuvo antes de rodar su largometraje *A Fistfull of Fingers* (1995)—.

Además de usar Wells como telón de fondo, *Arma fatal* aprovecha sus atractivos históricos. Un pináculo de piedra de Somerset cae sobre la cabeza de un reportero local y un cisne a la fuga se convierte en némesis de Angel. La hermosa catedral de la ciudad, sin embargo, no aparece en la película; Wright la eliminó digitalmente para conservar el aspecto de una pequeña población.

El *pub* The Crown at Wells, el bar de Sandford

La Market Place de Wells, Sandford en la película

A pesar de que Sandford sea presentada como un lugar estancado, su arquitectura gótica, sus tejados de madera en estilo Tudor y sus preciosos jardines alegran la vista. Es comprensible, por tanto, que el policía londinense, en un primer momento receloso, no quiera regresar a la gran ciudad.

⑤

City News
El sargento Angel y su compañero Danny se compran un Cornetto en este quiosco de la calle principal.

②

St Cuthbert's Church
La azarosa fiesta en St Vincent's Church se filmó junto a St Cuthbert's Church, una iglesia medieval.

④

Swan Hotel
El exterior del hotel en el que se aloja el sargento Angel se rodó en este edificio de 600 años.

🎞 LOS TRES SABORES DE LA TRILOGÍA DEL CORNETTO

Esta trilogía se caracteriza por convertir lugares corrientes en escenario de una acción desenfrenada.

ZOMBIES PARTY (2004)
El quiosco al que se dirige un resacoso Shaun (en busca de Cornettos y Coca Cola Zero) en esta comedia de zombis estaba en el Weston Park de Hornsey, en el norte de Londres.

BIENVENIDOS AL FIN DEL MUNDO (2013)
En la última película, unos amigos salen de bares y acaban enfrentándose a los alienígenas. The Gardeners Arms (ahora The Wilbury), en Letchworth (Reino Unido), fue el escenario del *pub*.

Mapa:

WELLS

- ① Little Theatre
- ② St Cuthbert's Church
- ③ Somerfield (Peacocks)
- ④ Swan Hotel
- ⑤ City News
- ⑥ Market Place
- ⑦ The Crown at Wells

Bishop's Palace

Moat

CHAMBERLAIN STREET · PRIEST ROW · UNION STREET · SADLER STREET · HIGH STREET · ST CUTHBERT STREET

⑥ Market Place
La plaza del Mercado aparece a lo largo de toda la película, pero especialmente durante el gran tiroteo final.

① Little Theatre
En la película, este teatro sirve de escenario a una terrible versión de *Romeo y Julieta*.

③ Somerfield (Peacocks)
El supermercado británico Somerfield desapareció hace tiempo y el edificio es ahora una tienda de ropa. El aparcamiento de la parte trasera sigue igual.

⑦ The Crown at Wells
El exterior del bar local es el de este *pub*. El interior se rodó en The Royal Standard of England, cerca de Beaconsfield.

MISIÓN: IMPOSIBLE

Unas localizaciones espectaculares y unas escenas de riesgo impresionantes son el distintivo de la franquicia *Misión: Imposible*, que ha convertido a Tom Cruise en una verdadera leyenda del cine de acción.

AÑO
1996, 2000, 2006, 2011, 2015, 2018, 2023

LOCALIZACIÓN
TODO EL MUNDO

D e todos los actores que saltaron a la fama en la década de 1980, Tom Cruise es uno de los pocos que no solo continúa en activo sino que, con más de 60 años, sigue corriendo, volando y escalando. Y gracias a él, la franquicia *Misión: Imposible* se mantiene con la misma acción que siempre.

Para arrancar la franquicia, el director Brian De Palma incluyó en *Misión: Imposible* todos los elementos de un *thriller* de espías: agentes dobles, infinidad de artilugios y la ciudad de Praga como telón de fondo. Aunque la película acaba por todo lo alto (cómo olvidar el helicóptero en el túnel del canal de la Mancha), fue la secuela de John Woo la que aumentó el contenido de acción, estableciendo las señas de identidad de esta franquicia viajera. La escena inicial de *Misión: Imposible 2* (2000) es quizás una de las más emblemáticas: se ve a Ethan Hunt escalando la pared del cañón de Dead Horse Point, en Utah. Es una secuencia impactante, sobre todo sabiendo que Cruise realizó la ascensión, rechazando la sugerencia de Woo de emplear imágenes generadas por ordenador o un doble. El resto, como

suele decirse, es historia. El equipo de producción acababa de dar con algo que definiría las siguientes películas: una localización espectacular y una escena de riesgo realizada por el valiente protagonista. Al público le encantó.

A lo largo de la serie cinematográfica, Cruise se ha colgado de un avión en movimiento, ha volado un helicóptero

Tom Cruise escalando en Dead Horse Point *(derecha)* en *Misión: Imposible 2*

LA EMOCIÓN DE LA PERSECUCIÓN

Preikestolen
Este alto acantilado al oeste de Noruega apareció en las últimas escenas de *Fallout*.

Autostadt de Volkswagen en Wolfsburgo
El equipo de *Protocolo fantasma* no filmó aquí, pero recreó el lugar en un hangar canadiense.

Praga
En la primera película, cuando el plan para detener al agente corrupto se desmorona, se ve a Ethan corriendo a través del histórico puente de Carlos.

Más adelante, el equipo sufre un ataque y Ethan ve estallar un coche bajo el puente, en la pintoresca calle Na Kampě.

La embajada de *Misión: Imposible* era el Národní Muzeum de Praga. El rodaje en el interior se centró en la lujosa escalera y la entrada principal.

Viena
Ethan escapa del tejado de la Ópera de Viena en *Nación secreta* (2015).

Burj Khalifa
Una de las imágenes más famosas es la de Cruise colgado de la fachada del Burj Khalifa, el edificio más alto del mundo, en *Protocolo fantasma*.

Palacio Real de Caserta
Esta residencia real en Caserta (Italia) fue el Vaticano en *Misión imposible 3* (2006).

Casablanca
La mezquita de Hasán II se ve al fondo durante una frenética persecución en coche por Casablanca en *Nación secreta*.

Londres
Al final de la primera película, Ethan y Luther Stickwell se toman una copa en la terraza del *pub* Anchor Bankside.

Ethan se encuentra con un viejo amigo en la bulliciosa estación de Liverpool Street hacia el final de la primera película.

Blenheim Palace
Este palacio, un habitual en el cine, aparece en *Nación secreta* como escenario de un baile benéfico.

El Burj Khalifa elevándose sobre los numerosos rascacielos de Dubái

LESIONES

Al saltar de un tejado a otro en *Misión: Imposible. Fallout* (2018), Cruise se rompió un tobillo. Se le ve cojeando tras la caída en la versión final de la película.

___

COVID-19

Para rodar la séptima y la octava película durante la pandemia, Cruise invirtió 665 000 dólares en dos cruceros para que el reparto y el personal pasaran la cuarentena.

___

EQUILIBRIO

Para la escena de la primera película en la que Ethan Hunt queda suspendido de un cable, Cruise utilizó monedas de una libra en los zapatos como contrapeso fácil de ajustar.

sobre los Alpes neozelandeses y ha contenido la respiración durante seis minutos y medio en una temeraria escena bajo el agua. Una de las secuencias más emocionantes, sin embargo, aparece en *Misión: Imposible. Protocolo fantasma* (2011), cuando Cruise escala la fachada de 830 m del rascacielos Burj Khalifa de Dubái (más del doble de altura que el Empire State Building). La espeluznante secuencia se filmó en la fachada de la torre, y fue necesario retirar 27 ventanas para capturarla (una de las ventanas la quita Benji Dunn, interpretado por Simon Pegg).

Antes de enfrentarse a la terrorífica ascensión, Cruise ensayó durante semanas en una maqueta del edificio de 18 m, luchando con su arnés, tan apretado que le cortaba la circulación (aunque más seguro que los guantes de escalada de Ethan), y con el cristal, que se calentaba tanto con el sol que le quemaba la piel. Gracias a su constancia, Cruise llevó a cabo la secuencia de 8 minutos y medio en el Burj Khalifa sin ninguna complicación, incluida la «caída» de 12 m. Gregg Smrz, coordinador de dobles, bromeaba diciendo que si Cruise hubiera caído de verdad, la altura era tal que le habría dado tiempo a enviar un último mensaje de texto.

Cruise pudo incluso hacerse una fotografía rápida colgado relajadamente de la torre, la cual, para regocijo del departamento de publicidad del estudio, se volvió viral al instante. «Esto no se había hecho nunca y jamás volverá a hacerse, porque no lo van a permitir», afirmó Smrz. Aunque Cruise ha tratado de superar la emocionante secuencia en filmes posteriores, sigue siendo el momento crucial de la franquicia. Al menos de momento.

EN MARCHA

¿Listo para viajar? Tanto si visitas las localizaciones más populares del mundo como si optas por destinos fuera de los itinerarios habituales, conviene que tengas en cuenta estas cuestiones antes de partir.

Visitar las localizaciones de series y películas favoritas es, para muchos, un verdadero sueño —seguir los pasos de los personajes más queridos, , así como visitar los escenarios de escenas emblemáticas—. Estos consejos permiten aprovechar al máximo el viaje cuando llegue el momento de convertir ese sueño en realidad.

Favoritos de los fans

Los grandes éxitos tienen grandes cantidades de fans. Más de 100 millones de espectadores han visto en todo el mundo *Los vengadores: Endgame,* y se han dedicado más de 50 000 millones de minutos a ver *Stranger Things.* Estos datos solo pueden significar una cosa: infinidad de potenciales turistas cinematográficos.

Algunos destinos antes poco frecuentados han experimentado un increíble aumento de las visitas tras aparecer en pantalla. En la ciudad amurallada de Dubrovnik, en Croacia, la cantidad de turistas se disparó tras la estela de *Juego de tronos,* y el número de visitantes de Skellig Michael, una isla en la costa occidental de Irlanda, aumentó en más de un 40 % el año posterior al estreno de *Star Wars: Los últimos Jedi.* Un crecimiento tan grande del turismo conlleva ciertos problemas, como el deterioro de los ecosistemas y la presión sobre las infraestructuras locales. Tras su aparición en *La playa,* Maya Bay, en la isla tailandesa de Phi Phi Leh, empezó a recibir unos 5 000 visitantes al día —tantos que las autoridades del país se vieron obligadas a cerrar la playa en 2018—. Tras su recuperación, ha vuelto a abrirse

pero con restricciones, con un número limitado de visitantes. Puede que en otros lugares no existan estas limitaciones, pero conviene comprobarlo.

Esto no quiere decir que no se deba visitar estos destinos, sino que se puede acudir fuera de temporada para reducir la presión sobre el lugar. O prolongar la estancia en la zona para disfrutar de sus atractivos más allá de las localizaciones famosas; cuanto más se reparta el dinero, mejor.

En la naturaleza

No todas las localizaciones cinematográficas son grandes ciudades o destinos turísticos famosos. De hecho, algunos de los lugares que más han cautivado en la pantalla son paisajes naturales fuera de los itinerarios habituales. Nueva Zelanda es un claro ejemplo; popularizado por la trilogía de *El señor de los anillos,* este país ofrece infinidad de sitios hermosos, como el monte Sunday, el cañón del río Kawarau y Paradise. Muchos de estos destinos naturales o remotos pueden visitarse

EN EL MAPA

Merece la pena descargarse la aplicación SetJetters (*www.setjetters.com*). Incluye una completa lista de localizaciones de cine, todas ellas marcadas en un mapa, lo que significa que se puede localizar fácilmente el lugar exacto donde se rodó una escena favorita.

con viajes organizados, pero quienes prefieran recorrerlos por su cuenta deberán prepararse igual que para cualquier aventura al aire libre. Se debe llevar calzado adecuado, ropa cómoda, mapa y brújula (la señal para los dispositivos electrónicos puede variar) y avisar a alguien de dónde se va y cuándo se piensa regresar.

En el entorno natural, es importante llevarse la basura a casa, no molestar a la fauna y seguir los caminos para no deteriorar la flora. También hay que buscar información sobre qué lugares se pueden recorrer: en algunos países, como Escocia, el derecho de acceso a la naturaleza permite adentrarse en la mayoría de espacios naturales, siempre que se actúe con responsabilidad; en otros sitios puede haber normativas más estrictas.

Viajar con responsabilidad

Existen muchos destinos abiertos al turista cinematográfico, pero hay ciertas localizaciones a las que no se debería acudir, como escuelas y residencias privadas. Por ello, en este libro no se han incluido los institutos en los que se rodaron *Chicas malas* y *Fuera de onda,* ni las casas privadas que aparecen en *Breaking Bad, Solo en casa* o *Los Goonies.* Al visitar calles residenciales (y se mencionan unas cuantas a lo largo de la *Guía del viajero cinematográfico),* no conviene quedarse parado junto a puertas y ventanas y hay que ser respetuoso a la hora de tomar fotografías, sobre todo si los propietarios piden en un cartel que no se haga.

Estas consideraciones deben tenerse en cuenta también al acudir a lugares como iglesias, templos, monumentos históricos y museos. Aunque a estos destinos suela ir mucha gente, gran parte de ella los visita por razones culturales o religiosas, por lo que se debe actuar siempre con respeto.

Seguridad en el viaje

En algunas localizaciones la seguridad es una cuestión a considerar. Por ejemplo, debido a la posibilidad de riadas, está prohibido el acceso al lecho encementado del río Los Ángeles; pero no hay que preocuparse, ya que se puede disfrutar de esta estrella de la gran pantalla paseando por algunos tramos de su orilla (la vista es mucho mejor desde lo alto). Como regla general, antes de visitar localizaciones de cine poco convencionales, conviene preguntar en la zona (por ejemplo, en la oficina de turismo) si existe algún riesgo a tener en cuenta.

Localizaciones desaparecidas

Algunas localizaciones no se pueden visitar, simplemente porque ya no existen. El Stardust Casino, convertido en el Bazooko Circus en *Miedo y asco en Las Vegas,* fue demolido en 2007, mientras que la ventana Azul de Malta, un arco de roca que se ve en *Juego de tronos,* se desplomó durante una tormenta en 2017. Tampoco queda ni rastro de Beckton Gasworks, que apareció en *La chaqueta metálica* de Stanley Kubrick; de hecho, la zona que ocupaba alberga hoy un polígono industrial y dos centros comerciales. En pocas palabras, las cosas cambian muy rápido, de modo que conviene investigar un poco antes de ponerse en marcha.

CONSEJOS

USA EL TRANSPORTE PÚBLICO

Al visitar localizaciones, conviene usar el transporte público siempre que sea posible. Así no solo se reduce la huella de carbono, sino que se ven los destinos que aparecen en pantalla de un modo diferente.

- - - - - - - - - - - -

ELIGE EMPRESAS LOCALES

Al contratar la visita guiada de una localización, trata de elegir compañías locales para que tu dinero revierta en la comunidad.

- - - - - - - - - - - -

REDUCE LOS RESIDUOS

Evita los plásticos de un solo uso en tus excursiones cinematográficas llevando, por ejemplo, una botella de agua y una taza para el café reutilizables, que siempre resultan útiles.

- - - - - - - - - - - -

APOYA

Algunas localizaciones ofrecen programas de voluntariado para plantar árboles y monitorear la fauna. Para más información contacta con Forestry England en Reino Unido o National Park Service en Estados Unidos.

ÍNDICE

AGRADECIMIENTOS

DK Eyewitness quiere agradecer a las siguientes personas sus contribuciones a este proyecto:

Jamie Andrew es un blogger y escritor afincado en Escocia. Ha colaborado con *Den of Geek* durante más de una década y escribe un blog en *www.jamieandrew.withhands.com.* Le gustan las series y las películas que abordan los misterios de la condición humana —aunque también disfruta con las tiernas y dramáticas—.

Dave Bradley escribe sobre videojuegos, televisión, cine y libros, y ofrece charlas y mesas redondas por todo el mundo. Fue jefe de redacción de *SFX* durante una década y publicó *Comic Heroes* y *Crime Scene.* Sus escritos aparecen en sitios web como *Pocket Gamer* y *Beyond Games.* Cuando no está viajando, vive con su esposa y sus gatos cerca de Bath.

Ryan Britt, residente en Maine, es escritor, periodista y crítico profesional de cultura pop. Es redactor jefe de la sección de espectáculos en *Fatherly,* y ha escrito para *Esquire, Den of Geek, Inverse,* el *New York Times* y *Vulture,* entre otros. Es autor de los libros de no ficción *Luke Skywalker Can't Read* (2015), *Phasers on Stun!* (2022) y *The Spice Must Flow* (2023), de Plume Books.

Elliot Burr es un escritor independiente y especialista en *marketing* instalado en Londres. Se le puede encontrar derrochando entusiasmo sobre sus discos favoritos de punk y metal en diversas publicaciones *online.* Como fan de todo lo surrealista o explicable en el cine, sus tres películas favoritas son *Mulholland Drive, Napoleon Dynamite* y *El gato.*

Louis Chilton, escritor y periodista cultural afincado en Londres, trabaja actualmente para *The Independent* y antes escribió para publicaciones como *i* y *Little White Lies.* Es fan del cine internacional y de las películas de los hermanos Coen, y dedica demasiado tiempo a ver una y otra vez *Los Simpson.*

Sarah Dobbs es escritora independiente y asesora de redes sociales. Sus películas favoritas son las de terror, lo que no le ha impedido visitar muchas de las localizaciones de sus filmes preferidos. Vive en un psiquiátrico victoriano reconvertido con su esposo y sus gatos, a los que atribuye cualquier ruido inexplicable o susto repentino.

Richard Edwards es escritor independiente y periodista, y vive en Bath. Fue redactor de *SFX,* donde escribió ampliamente sobre *Star Wars, Star Trek,* superhéroes y mucho más. Ahora colabora de forma regular con diversas publicaciones y sitios web, entre ellos *SFX, Total Film, GamesRadar+* y *Space.com.*

Tai Gooden es redactora/escritora y realiza críticas y entrevistas sobre espectáculos y cultura pop en Carolina del Sur. Su trabajo puede encontrarse en *Nerdist, Den of Geek, VICE* y *The She Series Book.* Cuando no está trabajando, le encanta ver y teorizar sobre *Stranger Things, Doctor Who, Yellowjackets, Walking Dead, El señor de los anillos* y todo lo relacionado con el terror.

La londinense **Rosie Knight** es una periodista y escritora de cómics que ahora vive junto a la playa. Su trabajo aparece en sitios web como *IGN, Nerdist, The Hollywood Reporter, Esquire* y *Den of Geek.* Es además copresentadora del podcast *X-Ray Vision* de Crooked Media. Su último cómic publicado es *Godzilla Rivals Vs. Battra,* junto al artista Oliver Ono.

Leila Latif es escritora y locutora. Nació en Sudán, creció en Brighton y se asentó en Londres junto a su marido, sus dos hijos, una activa masa madre y un preciado Blu-Ray de *Ganja & Hess.* Colabora como redactora en *Total Film,* presenta el podcast *Little White Lies* y es una habitual de la BBC, *The Guardian, Sight & Sound* e *Indiewire.*

James Macdonald es cartógrafo y diseñador, y vive en Londres. Su trabajo ha aparecido en libros publicados por DK, Rough Guides, Insight y Berlitz Guides, además de en periódicos nacionales y programas de televisión. Se le puede encontrar fácilmente en proyecciones del British Film Institute o buscando desconocidas localizaciones de series de ciencia ficción de la década de 1980.

Bibliotecaria de día y escritora de noche, **Gem Seddon** vive en Seattle y redacta textos para *Vulture, Digital Spy, TechRadar* y *Total Film*. Adora escribir sobre películas de terror y le encanta visitar localizaciones espeluznantes. *Alien* y *Scream* empatan como sus películas favoritas de todos los tiempos, así que mejor no pedirle que elija.

Ian Haydn Smith es editor de *1001 Movies You Must See Before You Die* y autor de *A Chronology of Film, Well Documented* y *The Short Story of Photography*. Conservador, programador y locutor, trabaja habitualmente con el British Council, BAFTA y el British Film Institute, además de varios festivales internacionales de cine, arte y cultura. En un mundo ideal, podría visitar todas las localizaciones incluidas en este libro.

Adam Smith, periodista de cine y cultura afincado en Reino Unido, ha escrito para el *Radio Times, The Telegraph, The Independent* y *GQ*. Además de colaborar como redactor en *Empire,* es miembro del London Critics' Circle y autor de *The Rough Guide to 21st Century Cinema*. Le encanta explicar, en profundidad y a todo el que quiera escucharle, por qué *Érase una vez en América* de Leone es mejor que *El padrino*.

DK Eyewitness quiere dar las gracias también a **David Powell** (director de localizaciones en numerosas producciones, como *Cruella, Doctor Strange* y *The Gentlemen),* **Hayley Armstrong** (director de los servicios de producción de Creative England) e **Ian Haydn Smith** por sus contribuciones al capítulo *Exteriores.* Gracias también a Elspeth Beidas, Tijana Todorinovic, Rachel Laidler, Zoë Rutland, Charlie Baker, Donna-Marie Scrase y Lucy Richards, con una mención especial a Robin Moul y al DK's Geek Club.

Fuentes de las citas

p. 22 columna 2, líneas 22-23 (y hasta la p. 24): «Designing *The Avengers:* The Art of Marvel's Most Ambitious Movie», *Gizmodo* (2012).

p. 66 columna 2, líneas 1-3: «Fact scarier than fiction», *Daily Telegraph* (2007).

p. 68 columna 1, línea 4: «Scariest Film of the Year? "Pan's Labyrinth" Director Spills His Guts», *MTV* (2006).

p. 80 columna 2, línea 3: «Paul King: What I learned writing "Paddington"», London Screenwriters' Festival (2020).

p. 96 columna 2, línea 10: «Steven Spielberg felt "resentment and anger" making Schindler's List, Jurassic Park simultaneously», según *Entertainment Weekly* (2018).

p. 123 columna 1, líneas 12-16: «Behind the scenes on Jordan Peele's "Us"», *Fandom* (2019).

p. 136 columna 1, líneas 12-13: «Peaky Blinders», Screen Yorkshire.

p. 170 columna 2, líneas 22-23: «Why Jon Favreau Chose Baby Yoda: "We Don't Know a Lot of Details About His Species"», *The Hollywood Reporter* (2019).

p. 172 columna 1, líneas 11-12: McBride, J., *Steven Spielberg: A Biography* (1997). New York City: Faber and Faber.

p. 194 columna 2, líneas 7-9: «This Is the Century City Skyscraper That Became a "Leading Man" with Bruce Willis in "Die Hard"-30 Years Later», *LA Taco* (2018).

p. 198 columna 2, líneas 1-6: «The French Connection director William Friedkin says, "I don't think I'd make a cop film today"», *Entertainment Weekly* (2021).

p. 204 columna 1, línea 15: «Ang Lee on "Crouching Tiger, Hidden Dragon" 20 Years Later», *The Diplomat* (2020).

p. 208 columna 2, línea 3: «Where was Hot Fuzz filmed?», *Radio Times. com* (2022).

p. 213 columna 2, líneas 13-16: «How Tom Cruise pulled off that "Mission: Impossible 4" skyscraper climb and canceled his retirement from the blockbuster franchise», *Yahoo Entertainment* (2021).

Los editores agradecen a las siguientes personas y entidades su amabilidad al conceder permiso para reproducir sus fotografías:

(Leyenda: a-superior; b-inferior/abajo; c-centro; f-alejado; l-izquierda; r-derecha; t-arriba)

4Corners: Massimo Borchi 149tr, Manfred Bortoli 29bl, Susanne Kremer 152tc, Luigi Vaccarella 149cr, Chris Warren 77r
Adam Goff: 44-45
Alamy Stock Photo: Photo 12 10br, 133bl, Tono Balaguer / agefotostock 89br, Nathaniel Agueros 26cl, Jim Allan 76bl, dpa picture alliance 141cra, Granger - Historical Picture Archive 9cra, HBO / PictureLux / The Hollywood Archive 16bl, Mario Perez / HBO / The Hollywood Archive 96bl, Netflix / The Hollywood Archive 107c, PictureLux / The Hollywood Archive 12bl, World History Archive 10ca, Steve Taylor ARPS 58br, Andy Arthur 103br, United Artists 12cl, Paul Ashby 28tl, Associated Press / Fabian Bimmer 212cla, A. Astes 81bl, ATGImages 103cl, CulturalEyes - AusGS2 119tl, Jon Bilous 162bl, Stuart Black 16c, Barbara Boensch 89c, Christina Bollen 137c, Piere Bonbon 125bl, Braindead 62cl, Cezza 183c, Benjamin Ching 199cl, Werner Herzog Filmproduktion / ZDF / Collection Christohel 13cr, Collection Christophel 10bl, Walter Cicchetti 163cr, New Line Cinema 64bc, New Line Cinema 85bc, Clearview 52cr, Bruno Coelho 91cla, Sorin Colac 155cl, A7A collection 110bc, Universal Pictures / Moviestore Collection 14bl, Columbia 96cl, Chris Cooper-Smith 208bl, David Cooper 78cl, 20th Century Fox Film Corp 111bc, British Lion Film Corporation 141br, Ian Dagnall 136t, Ian G Dagnall 189c, Ian Dewar 131c, Angel Di Bilio 203br, Erwin Dimal 203cr, Sebastian Kahnert / dpa 146-147cr, Wolfgang Kumm / dpa 176tl, Mindaugas Dulinskas 42bl, David a Eastley 121tr, RossHelen editorial 124br, Chad Ehlers 202bc, Elenaphotos 13br, elephantpix 179bc, Greg Balfour Evans 110-111c, Ryan Fidrick 193cr, 20th Century Fox film 179tr, Hand Made Films 171tr, Atlaspix / 20th Century Fox 15bl, Dennis Frates 52tr, freeartist 89tc, Tony French 42ca, steven gillis 125tl, Franz Berlich / mauritius images GmbH 17cla, Prisma by Dukas Presseagentur GmbH 183cr, Steve Vidler / mauritius images GmbH 79bl, Steve Vidler / mauritius images GmbH 151br, United Archives GmbH 13bl, 14br, Ian Goodrick 55cl, Granada 57cr, Kenneth Grant 83ca, Leigh Green 17tl, De Laurentis Entertainment Group 131cr, Zoonar / u+h.eggenberger 129c, Tom Hanley 151tr, HBO 50bl, 164bc, HBO 15br, Guizhou Franck / hemis. fr 64-65, Nataliya Hora 55c, Angelo Hornak 38cr, I-Wei Huang 78tc, Hufton+Crow-View 41c, Image Professionals Gmbh / Tobias Richter 200-201c, Stefan Schurr / imageBroker 62tc, Gary Crabbe / Enlightened Images 163bc, Historica Graphica Collection / Heritage Images 9bc, Panoramic Images 86c, PSL Images 143tr, iMarGo 78bl, Everett Collection Inc 8c, Dennis Jacobsen 108c, Brian Jannsen 93cl, Jansos 142br, Jon Arnold Images Ltd / Jon Arnold 36t, Dominic Jones 51br, Andrew Kearton 58bl, John Kellerman 151c, Yury Kirillov 122bl, Jesse Kraft 179cl, Joana Kruse 209cl, Douglas Lander 67tl, Landmark Media 190bl, Lankowsky 35bl, Jon Lauriat 36cl, Chon Kit Leong 91bl, Porridge Picture Library 55cr, Warner Bros / All Star Picture Library 12br, Jon Arnold Images Ltd 93bc, Moviestore Collection Ltd 7c, Paramount Pictures / Lucasfilm 87cr, David Lyons 113crb, Maridav 94c, Stefano Politi Markovina 68bc, Francisco Martinez 7br, Angus McComiskey

95bl, Landmark Media 57tr, Bert Cann - MGM 11bc, Mirrorpix 181bl, Netflix 16tr, Netflix 16br, Ben Nicholson 76tc, Rupert Oberhäuser 24tr, Efrain Padro 99cl, Lucasfilm Ltd / Paramount 89tr, Paramount 149tl, Paramount Pictures / AJ Pics 210br, Paramount Pictures / AJ Pics 213br, Sean Pavone 26bl, Almondvale Photography 55br, Mark Bullimore Photography 77cr, The National Trust Photolibrary 183bc, All Canada Photos 67bc, RichArt Photos 90br, Picturebank 209cl, PictureLux / The Hollywood Archive 189cra, Columbia Pictures 172br, DreamWorks Pictures / Universal Pictures 44bc, Fox Searchlight Pictures 146tc, Fox Searchlight Pictures 119c, Paramount Pictures 84bc, Paramount Pictures 135bc, Paramount Pictures 11bl, Paramount Pictures 14tl, Tristar Pictures 197bc, Universal Pictures 45bc, Universal Pictures 134bc, Walt Disney Pictures 65bc, Associated Press 121c, Universal Pictures - Monkeypaw Productions 123tr, Juha Puikkonen 167bl, Juha Puikkonen 169cr, Lana Rastro 181c, RayArt Graphics 42tr, Realimage 70c, Rolf Richardson 76tl, Mieneke Andeweg-van Rijn 77crb, robertharding / Roberto Moiola 191c, Zoonar / Michael Rosebrock 131tl, South West Images Scotland 103c, ScreenProd / Photononstop 199br, Witold Skrypczak 63cb, Richard Smaldone 49br, Mark Anton Smith 170tc, Essential Stock 79br, Amazon Studios 71tl, TCD / Prod.DB 199clb, Walt Disney Television 99tr, Stan Tess 198t, Touchstone 147tr, travelbild 29c, travellinglight 75c, Travelscapes 125c, Universal 97br, Universal / Maximum Film 209tr, Universal / Pictorial Press Ltd 209c, UPN 165bl, Greg Vaughn 67cl, Richard Waldock 137cr, Chris Warren 7bl, Matthias Wehnert 146tl, Scott Garfitt / PinPep / Wenn 17bl, Michael Wheatley 66bl, Tracey Whitefoot 39c, Martyn Williams 58cl, Wirestock, Inc. 190-191tc, Media Drum World 143cr, Allan Wright 55bl, yvonnestewarthenderson 102bl, marc zakian 17cl, joel zatz 91clb, Konrad Zelazowski 59cr, Zoonar / Boris Breytman 207cb, Zuma Press, Inc. 193tc

AWL Images: Jon Arnold 145cr, Walter Bibikow 61tr, ClickAlps 57br, Alan Copson 169bc, Alan Copson 34cb, Michele Falzone 43tc, Francesco Riccardo Iacomino 154c, ImageBroker 57cl, Karol Kozlowski 207tl, Stefano Politi Markovina 83bl, Jan Miracky 145cl, Ben Pipe 57tl, Danita Delimont Stock 95br, Danita Delimont Stock 69tr, Jane Sweeney 99bc

BBC Picture Archives: 182cl

Cherry Tree Inn: 93tl

Counse/Wikimedia Commons/CC BY 2.0: 107clb

Dreamstime.com: 74br, Audioundwerbung 33tr, Yujie Chen 189bl, Maria Luisa Lopez Estivill 29tl, Alexandre Fagundes 121tl, Richard Gunion 120bl, Joe Hendrickson 40bl, Edmund Holt 36cr, Erhan Inga 78tl, Inigocia 84-85c, Jackimage520429 205tl, Dennis Kelly 137bl, landerwarphotography 131tr, Pius Lee 204br, Miroslav Liska 52crb, Stephen Moehle 169cl, Yooran Park 195cr, Sean Pavone 188crb, Saiko3p 205tr, Sam74100 41cra, Camille Tsang 36c, Tupungato 34bl, Irina V 164-165c, Khrystyna Vartanova 33bl, Ken Wolter 152cla

Film Oblivion: 133

Gail Des Jardin: 132bc

Game of Thrones Studio Tour: 17clb

Getty Images: Jameel Hyder / 500px 176tc, Pawel Gluza / 500px 158c, 96-97tc, adamkaz 193br, Emad Aljumah 88b, Walter Bibikow 113bc, Bloomberg 194bl, Brian Bonham 69cr, Marco Bottigelli 20-21cl, Brandstaetter Images 212cra, Matteo Colombo 60c, Chris Hepburn / E+

182-183bc, Lingbeek / E+ 77tc, traveler1116 / E+ 27tc, Anna Gorin 49cl, PhotoAlto / Jerome Gorin 33br, Jorg Greuel 117br, Universal Images Group 144t, Cavan Images 95cl, George W Johnson 206bl, David Neil Madden 186, mbbirdy 119bl, Nicolas McComber 33c, Mlenny 159bc, Shabdro Photo / Moment 196-197c, Simone Celeste / Moment 29tc, Zsolt Hlinka / Moment 23cb, MR.Cole_Photographer 189tr, No_Limit_Pictures 212tl, Cesar Okada 189bc, Ignacio Palacios 168bl, Pederk 43br, Jay Berkow Photography 63cl, Universal Pictures 97bc, 196bc, John Piekos 112b, Mondadori Portfolio 125bc, joe daniel price 106tl, John and Tina Reid 7tc, 51cb, Roy Rochlin 82t, Andreas Selter 163tl, Steve Snowden 129tr, Sylvain Sonnet 81cr, Alexander Spatari 117c, Gleb Tarro 211c, Martin Turner 116-117t, ukasz Tomczyk / 500px 130b, Greg Vaughn / VWPics 173c

Getty Images / iStock: 4kodiak 195cla, 139bl, adisa 191crb, amedved 121cl, asmithers 180c, Benedek 41tr, Bim 25c, Different Brian 174tr, crossbrain66 181br, digitalfarmer 174c, Eloi_Omella 212cl, Rudolf Ernst 53bc, Biletskiy Evgeniy 49bl, eyfoto 39br, Alexandre Fagundes 139cl, FrankvandenBergh 23br, georgeclerk 29bc, Gistel Cezary Wojtkowski 189cb, Chris Hepburn 207br, IanGoodPhotography 69tl, ivanastar 152cr, J2R 119tr, krblokhin 134-135c, Loki1100 114tc, Kisa Markiza 155bl, Nicolas McComber 123cr, Melpomenem 179tl, Robert Michaud 177cr, naumoid 57bl, Marilyn Nieves 26bc, R.M. Nunes 169tr, Jon Chica Parada 53clb, Sean Pavone 23cl, Alex Potemkin 138tr, Francesco Scatena 140bl, SeanPavone 27bc, Starcevic 175bc, Jess Stiles 22tc, Cezary Stypulkowski 166c, thierry64 98bc, travelview 26br, Alla Tsyganova 81c, Tzido 179cr, ultraforma 29tr, Stewart Watson 15tr, Xantana 50bc, Anastasia Yakovleva 78bc, Vladislav Zolotov 212tc

Jacob Murray: 54bl

Juvet Landscape Hotel: 93cr

Local Adventurer: 104c

Mountain Lake Lodge: 93tr

plainpicture: George Karbus Photography 169c

Raphael Charrat: Raphael Charret 128-129tc

Rex by Shutterstock: 153bl

Shutterstock.com: 143c, Lisa Bourgeault 31c, ChicagoPhotographer 36br, Sasha Craig 107bl, Georges_Creations 105tr, Maykova Galina 141cl, Dariusz Gryczka 199tr, Tada Images 83cl, Bern James 137tc, JHVEPhoto 30br, Billy F Blume Jr 107br, KazT 23clb, Kiev.Victor 37br, Kirill Neiezhmakov 212-213t, Maciej Olszewski 53cr, Sean Pavone 192bl, Pajor Pawel 71tr, Pajor Pawel 38cb, Camden Photography 77br, Felipe Sanchez 203cra, Billy Stock 183cl, tolobalaguer.com 53c, Michele Vacchiano 148b, Ventdusud 33tl

Vanessa Wais: 67cr

Resto de imágenes © Dorling Kindersley

DK | Penguin Random House

Edición de proyecto Lucy Sara-Kelly
Diseño sénior Laura O'Brien
Diseño Jordan Lambley
Edición Alex Pathe
Asesoría James Macdonald
Documentación fotográfica Adam Goff
Cartografía sénior Casper Morris
Cartografía Suresh Kumar
Ilustración Señor Salme
Diseño de cubierta Laura O'Brien
Diseño DTP Jason Little
Producción sénior Pankaj
Producción Kariss Ainsworth
Responsable editorial Hollie Teague
Edición de arte sénior Sarah Snelling
Dirección de arte Maxine Pedliham
Dirección editorial Georgina Dee

De la edición en español
Servicios editoriales Moonbook
Traducción Montserrat Nieto Sánchez
Coordinación editorial Cristina Gómez de las Cortinas
Coordinación de proyecto Eduard Sepúlveda
Dirección editorial Elsa Vicente

Título original: The Screen Traveller's Guide
Primera edición, 2024

Publicado originalmente en Gran Bretaña
en 2023 por Dorling Kindersley Limited DK,
One Embassy Gardens,
8 Viaduct Gardens, London, SW11 7BW, UK

Copyright 2023
© Dorling Kindersley Limited, London
Parte de Penguin Random House

Todos los derechos reservados, salvo excepción prevista en la ley, cualquier forma de reproducción, distribución, comunicación pública y transformación de esta obra con la autorización de los titulares de la propiedad intelectual.

ISBN 978-0-593-84810-4

Impreso y encuadernado en Tailandia

MIXTO
Papel | Apoyando la silvicultura responsable
FSC™ C018179

Este libro se ha fabricado con papel certificado por el Forest Stewardship Council™ como parte del compromiso de DK hacia un futuro sostenible. Para más información, visite la página www.dk.com/our-green-pledge

Se han hecho todos los esfuerzos para que esta guía esté lo más actualizada posible a fecha de su edición. Sin embargo, algunos lugares han podido cerrar y algunos datos, como números de teléfono, horarios, precios e información práctica, pueden sufrir cambios. La editorial no se hace responsable de las consecuencias que se deriven del uso de este libro, ni de cualquier material que aparezca en los sitios web de terceros, además no puede garantizar que todos los sitios web de esta guía contengan información de viajes fiable. Valoramos mucho las opiniones y sugerencias de nuestros lectores. Puede escribir al correo electrónico:
travelguides@dk.com